僕はこのやり方で
経験人数を増やしていった

※この本は、女性を出会った日に（即日で）お持ち帰りしてセックスをするための本です。

あらすじ

「ようこそ、インモラルな世界へ」

この本を手に取ったということは、おそらく「セックスができない」人生に対して嫌気が差していることだろう。まるで底なし沼のように湧いてくる性欲をオナニーで処理する日々。「今世は女性と縁がない人生なんだな」という絶望感と「いや、諦めたらそこで試合終了だ」というかすかな希望の間で揺れている。何か解決の糸口となるものはないのか？と模索している中で、「どんぶらこどんぶらこ」と目の前に流れてきた一冊が本書なのではないだろうか。

本書は「セックスができない」という悩みを解決するための本だ。その中でも「出会ったその日にお持ち帰りする」という〝即日〟に特化したノウハウを伝えている。これからつづられている文章を読み切ったとき、果てしなく遠かったセックスへの距離が手に届く位置まで近づいていることだろう。未来に一筋の光が差し込み、股間が勃ち上がっている姿が目に浮かぶ。

ただ、最初に伝えておきたいことがある。**この世界には道徳性が欠けている。**側から見れば異常であり、狂っている。一般的な常識やルール、モラルなんて通じない。女性をお持ち帰りしてセックスすることだけが正義。弱肉強食の世界。

紳士という言葉の定義は捻じ曲がり、「女性にセックスを提供すること」がこの世界における紳士の定義だ。女性に優しくするのはセックスのため。女性を楽しませるのはセックスのため。オシャレなお店はセックスのため。美味しい食事やお酒はセックスのため。すべての行動がセックスすることにひもづいている。

何かに取り憑かれたように目の前の女性を口説くことに心血を注ぎ、「出会ったその日にお持ち帰りしてセックスをする」というエンタメに没頭する。性欲が朽ち果てるまで女性を追い求め、貴重な時間とお金を費やし、人生をセックスに浪費していく。

女性を性欲のはけ口にしか見ていないと思われても仕方ないだろう。女性を雑に扱う最低な男だと思われても仕方ないだろう。けれど、女性のなめらかな肌に触れた瞬間の興奮や、素性もろくに知らない女性とセックスをする背徳感は、まるで違法ドラッグを体内に入れたかのような中毒性があり、自らの体を奮い立たせる。

一度女遊びを覚えてしまうと、普遍的な恋愛の定義はぶっ壊れ、これまで抱いていた幸せの尺度が大きくズレてしまう。もしかしたら、女遊びをしている人たちは見る角度を変えると不幸なのかもしれない。即日でセックスをするたびに女性への不信感が強まり、幸せの形がいびつになり、生き辛ささえ感じる。

女遊びをしないほうが真っ当な価値観のまま人生を送れたかもしれない。世間の常識に自分を合わせていたほうが幸福なのかもしれない。知らないほうがいいこともこの世には存在する。引き返すなら今のうちだ。

だが一つ言っておくと、こっちの世界は猛烈に刺激的で、きらびやかで、最高に楽しい。ありふれた日常に抑え込まれていた性欲が解放され、へその奥の奥あたりからこみ上げてくる快楽が身を包み込み、毛穴という毛穴からアドレナリンが放出され、欲望のままに異性と絡み合う。中毒性のある汁が脳からあふれ出し、欲望が理性を超越し、人間が外側も内側も丸裸になり、快感の沼に落ちていく。最後の射精による快感が、自分に生の実感を与えてくれる。目の前で体をヒクヒクと痙攣させながら横たわっているよく知らない一人の女性。ジェットコースターのように出会いから射精までを共に転げ落ちていく。

朝起きると、さっきまで精子を搾り尽くすくらいセックスしたはずなのに、性欲はすべて使い切ったはずなのに、また全身が女性の柔らかな肉体を欲している。そこにあるのは性欲と自己承認欲求のみ。一度ハマってしまったら簡単には抜け出せない。性欲という底なし沼に肉体と精神が沈み込んでいく。まさに混沌とした世界。

これほどカオスで乱れた刺激的な世界は・・・・・・**一度味わったほうがいい。**

そう思って、本書を執筆することにした。

あるユーチューバーとの出会いが僕の人生を変えた

僕はもともとかなりの人見知りだった。「会話が苦手」というコンプレックスから他者とのコミュニケーションを避け、男女問わず人間関係をうまく築けなかった。女性と話すなんて当然できない。何を話せばいいのか分からない。女性を目の前にすると、緊張で口から心臓が飛び出そうだった。

うまくいかない小さな日々が積み重なり、みるみるうちに人見知りのコンプレックスは大きくなっていった。そのコンプレックスは気づけば僕の行動を大きく阻害するようになり、「自分は人見知りだから」という言い訳を盾にしてコミュニケーションへの逃げ道を作っていた。

しかし、大学入学を機にこれまでのクソみたいな人生に対して危機感を覚え、人見知りを克服しようと決めた。そこからさまざまな苦労があったが、自分なりに工夫して、努力して、何とか人並みのコミュニケーション能力を身につけることができた。その証拠として、人見知りを克服する方法をまとめた「人見知りはどう生きるか」という本を出版している。もしよかったら手にとって読んでみてほしい。何かコミュニケーションを円滑に進めるヒントを得られるかもしれない。

人見知りを克服したことで、僕は妄想の世界に触れる面白さを実感していた。友達と飲みに行ったり、BBQをしたり、海に行ったり、旅行に行くことは「俺もこんな遊びをしてみたい」と常に妄想していたことだった。その世界はエンタメに満ちあふれていて、たまらなく楽しかった。

けれど、人間、何事にも慣れが生じてしまう。妄想していた世界が日常になると「当たり前」に形が変わり、以前のような楽しさは薄れていく。普通に遊んでいても物足りなくなり、心にはどこか空虚感があった。

当たりさわりのない日々を過ごしている中で、暇つぶしにユーチューブを見ていたときにとあるユーチューバーに出会った。そのユーチューバーは、動画の企画で「Tinder即日お持ち帰りチャレンジ」というマッチングアプリを使って「**女性を出会った日にお持ち帰りしてセックスをする**」という極悪非道な企画をやっていた。なんて最低な企画とタイトルだ。しかし、その動画を見たとき、僕の中で衝撃が走った。

「こんな世界があるのか・・・」

動画を通してヤリチンの世界に初めて触れた僕は、何度も何度もその動画を見返した。真っ当な恋愛観を持っていた僕にとって、「女性を出会った日に持ち帰ってセックスをする」という世界線はとても非常識で、言うならば、女性を無下に扱う卑劣な行為だった。だけど、なぜか心が惹かれていた。なぜか動画を見ていると心がワクワクしていた。なぜか即日でお持ち帰りする姿にかっこいいと思ってしまう自分がいた。頭ではダメだと分かっていても、感情がどんどん傾いていく。そうなったらもう最後だった。

「俺もやりたい」

僕は人生で一度もモテたことがなかった。２２歳の社会人になる2ヶ月ほど前に滑り込みで童貞を卒業し、２６歳で経験人数は４人。セックスの回数も同じく4回。セックスなんて1年に1回あるかないかのビックイベント。合コンに行っても連絡先なんて聞かれない。運よくデートができても、その後連絡は返ってこない。女性の口説き方なんて分からない。仕方ないから風俗に行って金を支払いおっぱいに触れる。非モテ街道まっしぐら。

経験人数が何十人、何百人といる男は、神に選ばれし特別な才能を持った人間なんだと思っていた。自分とは生きる世界が違うと思っていた。今世はモテない人生なんだと半ば諦めていた。


でも、動画を見たとき「俺もやりたい」と思ってしまった。細胞レベルで体が震えた。これがすべてだった。


たくさんの女性とセックスして男として自信を持ちたい。女性にセックスしてもいいと思ってもらえるくらい魅力的な男になりたい。モテない過去を清算して新たな人生をスタートさせたい。腰を振ってパンパンと音を鳴らしたい。というか一度でいいから気の済むまでおっぱいに顔を埋めていたい。

ふと思い描いた妄想は、動きだすブーストとしては十分だった。心の奥底に眠っていた性欲と自己承認欲求が沸々と湧いてきた。

僕は人見知りを克服後、ヤリチンを目指し、経験人数を増やす旅に出た。

そこからたくさん行動して、たくさん失敗してきた。女性に「ついてこないで！」と駅のホームで強く拒絶されて周囲に白い目で見られたことは、まるで昨日のことのように鮮明に覚えている。防衛本能なのか、恥ずかしさと情けなさで視界が徐々にぼやけていくのが分かった。

だけど、早く妄想の世界の中に行きたくて必死に食らいついた。あーでもないこーでもないと試行錯誤を重ねながらトライアンドエラーを繰り返した。そして、一本の筋道が通ったロジックにノウハウが言語化されたとき、僕のお持ち帰りできる確率が格段に上がった。偶然ではなく、狙って女性とセックスできるようになっていた。

僕の経験人数は、ペニスが反り立つように急激な角度で上昇していった。

女遊びは、最低で、最高だ

この本のコンセプトは「即日お持ち帰り」だ。

女性を出会ったその日にお持ち帰りするためのノウハウを体系的にまとめた。イメージとしては、マッチングアプリで会ってから食事をする約2時間くらいの間で、口説いて家かホテルに連れて帰る方法だと思ってもらっていい。

今の世の中、女性と出会うための方法はたくさんある。先ほど述べたマッチングアプリや相席屋など、少しでも課金する気があれば大した労力も使わずに女性と出会える機会がそこらじゅうに転がっている。にもかかわらず、「出会いがない」と嘆いている奴は大人しく家でシコって朽ち果てていてくれ。

出会いの場があふれているからこそ大事なのが、**女性と対面したときの"立ち振る舞い"だ**。そこのノウハウの多さと濃さが、経験人数に直結してくる。ただし、お持ち帰り方法は人によって異なる。僕にできることが読者にできるとは限らない。人によって強みは違うからだ。

だからこそ、なるべく原理原則に近づき、応用可能な形で本書を書き上げていった。あくまで"即日"で女性を持ち帰るために必要なマインドやテクニックを、これから伝授していく。それでは、簡単に本書の内容を説明する。

第1章はマインドについて。

お持ち帰りができる男になるためには、まずマインドをアップデートさせる必要がある。マインドという土台があってこそ、テクニックが生かされる。

僕も女性やセックスに対するマインドが変わってから持ち帰れる確率が上がっていっ

た。急にイケメンになったり、急にトークが面白くなったわけではない。考え方が変わっただけだ。非モテの思考からヤリチンの思考にアップデートさせたら現実が変わっていった。

だからこそ、まずはヤリチンのマインドを理解する必要がある。

第2章は女性への理解について。

女性はどういう思考をしているのか、どういう性質を持っているかなど「女性」という生き物への理解を深めてから、逆算してテクニックに落とし込んでいく作業が非常に大切だ。

男と女では根本的に構造が違う。そこを動物の一種である〝人間〟という観点から女性を見たときに見えてくることがある。すべての動物にプログラミングされた本能こそが女性の本質だ。本質が見えてくれば持ち帰り方が見えてくる。女性への理解は、即日お持ち帰りの必須科目だ。

第3章はテクニックについて。

僕の経験上、お持ち帰りをするときには似通ったパターンがある。ある意味「方程式」のようなものが存在する。この「方程式」が読者にとってのテクニックになるだろう。これからの持ち帰りを偶然ではなく必然にしていくことが本質的に重要なことだ。そのために最低限必要になるであろうテクニックをまとめた。ぜひ現場で試してみてほしい。

第4章は質問コーナー。

ただ単にロジックを並べただけでも理解が深まりにくいから、よくあるシチュエーションの解決策を質問形式で説明している。自分の悩みと照らし合わせながら解決策を見つけてほしい。

第5章は総まとめだ。

僕はお持ち帰りができるようになったことで人生が変わった。大げさではなく、最高に素晴らしい人生になったと言える。女遊びをしてよかったと本当に思っている。昔のモテない自分が出した勇気に心の底から感謝している。

すべては始めることから始まるんだ。マッチングアプリをダウンロードする。相席屋に行ってみる。どこかのガールズバーに行ってみるでもなんでもいい。情報だけ仕入れても、女性がいる現場に行かなければただの頭でっかちで終わる。結局、勇気のないフニャチン男のレッテルが貼られて人生終了だ。バカ高いお金を風俗に払って性欲を処理する人生になる。だからこそ、読者には本書を読んで満足するだけでなく、ちゃんと行動してほしい。

その行動する背中を押せるようなメッセージと共に、僕の経験の中で得た気づきを読者に送って、本書を終わらせたい。

思いっきり熱を込めて書いたので、読者の心に刺さることを祈っている。

「俺ならできる。俺ならできる」と敗北した夜の帰り道でも自分に言い聞かせてきた。

女性を持ち帰ることで人生を変えてやるとずっと思ってきた。別に誰かに強制されたわけでもないし、ひたすら断られて傷つくだけだし、諦めるという選択肢を取る瞬間なんていくらでもあった。だけど、どうしても諦められなかった。自分の人生に対する意地とプライドが、女性の拒絶から僕を支え続けた。そして進み続けた先に、やっぱり面白い世界が待っていた。刺激的な世界が待っていた。頑張ってよかったなって心の底から思った。

これから、僕が非モテからヤリチンになるまでに培ってきたノウハウをすべて公開する。世の中にはお持ち帰りするためのもっといいノウハウがあるかもしれない。読む人にとっては情報不足だ、経験不足だと思うかもしれない。

でも、そんなのどうでもいい。

僕はこのノウハウで持ち帰れるようになった。セックスができる自分になった。僕が歩んできたプロセスを、本書を手に取ってくれた人に全力でぶつける。非モテから努力してはい上がってきたからこそ気づいたことがある。見える世界がある。昔の自分と同じ地点でもがいている人を救えるという自負がある。

これから先は、自分の満たされない感情をすべて解放して読み進めてほしい。自分の潜在意識に情報を刷り込んでいくつもりで前のめりに学習してほしい。

大丈夫。絶対に持ち帰れる。

モテない人生はここまでだ。シコって寝るだけの寂しい夜は今すぐゴミ箱に捨てていい。過去は生ゴミだ。一夜にして、すべてを変えられる。一回のセックスが人生を変えることだってあるんだ。

最初に言った通り、この世界は非常識で、非道徳で、最低な世界だ。

だけど、最低で、最高だ。

ここから約２００ページ弱、読者の眠っていた性欲を解放させる。本能をあぶり出してやる。

前置きはこれまでにして、そろそろ本題に行こうか。
自分を変える、人生を変える準備はいいか？

さぁ行こう。最低で、最高な、インモラルな世界の向こう側へ！！！

目次

第2章 女性を理解する

第3章 即日お持ち帰り秘伝のノウハウ

即日お持ち帰り鬼十則

第1章

非モテマインドをぶっ壊せ

男女間の関係というのは理屈で捉えられるものではない。しかし、女性を即日で持ち帰ることにおいては、ある種の原則のようなものがある。まず基礎を伝えるとするなら、持ち帰れない男というのはマインドがまったくもってなっていない。持ち帰れる男とは女遊びへの考え方が違うんだ。

まず大前提として、お持ち帰りするにはテクニックではなくマインドが一番大切だと僕は思っている。木でいうところの葉や枝ではなく幹の部分だ。頑丈な幹がないと、生えるはずの葉や枝も生えてこない。小手先のテクニックでちょろちょろやって女性をお持ち帰ろうなんて甘い。甘すぎる。

即日でお持ち帰りするには、これまでの固定概念を捨てて、モテる男の常識をインストールする必要がある。"女性を出会ったその日に持ち帰ってセックスをする"というめちゃくちゃなことをやろうとしているのだから、当然ながらこれまでの常識は通用しない。常識をリセットし、常識を1から作り上げるくらいの気概が必要だ。

そもそも、世の中にはびこっている常識なんて誰かが作ったものなんだ。誰かにとって都合のいい常識なんだ。誰かが作った枠の中で生きていたってそこに正解なんてない。常識に従っているいい子ちゃんばかりだから日本の20代の4割が童貞で、シコシコ腐れ人間を作り出しているのだ。常識なんて早くクソ溜めに捨ててしまえ。

男から打診しないと女性はセックスができない

「ホテルに行こうって言ったら変に思われるかな・・・」
「断られて気まずい雰囲気になっちゃうかな・・・」
「多分今日は持ち帰れないから一旦解散して徐々に関係性を深めていこう・・・」

お持ち帰りできずに終わる男の思考回路はこんな感じだろう。女性を大切にしている紳士だと自分に言い聞かせるが、内心ではセックスしたくて仕方がなく、誘えなかった自分に嫌気が差す。後日、再度アポイントを取ろうと連絡するも、残念ながら返信はない。お金と時間を浪費し、心にコンプレックスを負っただけだった。

打診ができない人は、女性に嫌われることが怖かったり、単に拒絶されることにビビっているのだろう。何かしらの後ろめたさを感じているわけだ。

気持ちは分からなくもないが、「ホテルに行こう」「家で飲もう」などのセックスを匂わせる打診への考え方を変えなければ、セックスへは確実にたどり着けない。

ここで肝に銘じておいてほしいのが、**男から打診してあげないと女性はセックスができ**

ないということだ。もし女性が今日はセックスしたいと思っていても、女性の口からはなかなか言い出せない。それは、恥ずかしさがあるのはもちろんのことだが、自分から「セックスしよう」と言ってしまうと女としての価値を下げてしまうし、決断と拒絶のリスクを背負うのは男の役割だと本能で認識しているからだ。男が打診を躊躇することで、女性のセックスする貴重な機会を奪ってしまうことにつながる。

セックスができないだけならまだいいのだが、男が打診しないせいで「この人全然誘ってくれないってことは私に魅力がないのかな・・・」と傷つけてしまうパターンもある。

もちろん、お酒を無理やり飲ませたり腕を強引に引っ張ってホテルに連れていくとかは論外だが、女性がセックスできるかどうかは男が打診できるかどうかにかかっているんだ。女性がちゃんとセックスできるようにベットまで誘導してあげられる男にならなければいけないんだ。

そのためにも打診に対する考え方を変えなければいけない。めちゃくちゃ大事なことだからもう一度言っておく。

男が打診してあげないと女性はセックスができない。

セックスが気持ちいいのは女性も一緒だ。むしろ感度は女性のほうが何倍も高いと言われている。本当は女性もセックスしたくて仕方ないんだ。「ホテルに行こう」「家に行こう」って言ってほしいんだ。

だからこそ、女性をセックスまで誘導してあげることがこの世界における紳士なんだ。

余計な邪念を捨ててセックスを打診する男が、エキサイティングな一夜の物語を描けるカッコいい男になれる。

拒絶への恐怖を理解しろ

女性とお酒を飲みながら楽しく喋っていると、徐々に酔いが回って性欲が湧き上がってくる。目の前の女性を抱きたいと思い始める。脳内では女性を攻略するために策を巡らせ、準備万全の状態。

しかし、いざ外に出て誘おうと思うと、喉に何か詰まっているのかと思うくらい言葉が出てこなくなる。そのまま打診するタイミングを見計らいながらフラフラと歩いているうちに誘うチャンスを失い、相手の熱が冷めてきてお別れする流れになってしまう。

こんなパターンはもう嫌になるくらい遭遇しているかもしれない。セックスをしたい欲望が湧き上がってくるのと同時に、異様に逃げ出したい衝動にもかられる。何回も覚悟を決めたはずなのに、最後の勇気が振り絞れない。この原因は一体何なのか。

それが拒絶への恐怖だ。拒絶されることのリスクが脳内を駆け巡り、行動を抑制してくる。もし拒絶されたとしても、実際に損害が生じることはほぼない。しかし、精神上では拒絶された辛さが数日、数週間、あるいは数ヶ月に渡って引きずることもある。一回の拒絶で凄まじいほど自信を失くして立ち直れなくなってしまう人もいる。この拒絶への恐怖心を克服しない限り、セックスに持ち込むことは難しいだろう。

では、なぜ人は拒絶に対して恐怖心を抱くのだろうか。それもごく少数の人ではなく、ほとんどの人が拒絶されることを怖がっている。女遊びに限らず、私生活の中でも拒絶されない選択をしている人が多い。それは単なる性格的なものなのか？経験値の問題なのか？それとも何か遺伝的なものが働いているのか？

僕も長年疑問だったのだが、時代をさかのぼることで原因が見えてきた。

人間は、一万年以上前の縄文時代のころから、どこかの集落で生活してきた。隣の村の人々と助け合いながら生活を成り立たせてきた。遥か遠い昔から、人間はある意味周囲の人たちに依存しながら生きていたんだ。

もし、集落の中で意見の衝突などが起こってコミュニティーから排除されてしまったら、誰も助けてくれなくなり死んでしまう。だから、**拒絶が起きないよう他人に合わせる選択をすることが、生存する上で最適な答えだったんだ。**現代でも、形さえ変われど根本的な性質は変わらない。人間は、進化の過程で拒絶への恐怖と隣り合わせで生きてきた。長い年月をかけて、僕たち人間には拒絶への恐怖心が植えつけられてきたんだ。

だからこそ、どんなに経験を積もうが女性に拒絶される恐怖が完全に消えることはない。どんなに遊び慣れている人でも、少なからず拒絶への恐怖心は持っているだろう。それが本能だからだ。もちろん僕も持っている。女性に打診するときはいつもドキドキだ。それでも拒絶される恐怖を受け入れて前に進むしかない。

拒絶への理解と嫌われる勇気を持つことが、持ち帰りへの登竜門だ。

セックスまでの工程を理解しろ

女性とセックスにいたるまでの工程は、大きく分けて5段階の流れで構成されている。

出会い→マッチング→連絡先交換→アポ→セックス

基本的にはこの流れに沿って多くのセックスが行われている。この工程で一番理解してほしいことが、**セックスの数は出会いの数を上回らないということだ。**１００人の女性と出会って１００人とセックスできる男はいないだろう。たとえ山下智久や反町隆史のようなチート級の男前でも難しいはずだ。言わずもがな、非モテであればなおさらセックスできる確率は下がる。

だったら開き直って「数打ちゃ当たる」の精神で立ち向かっていくしかない。出会いに課金して分母（数）を増やしていくしかない。女性がいる場所に時間とお金を投資して自分をプロモーションしないと何も始まらない。そこで失敗しながら成長して、少しずつ持ち帰れる確率を上げていくんだ。

その際の出会いのツールは何でもいい。昔ながらの合コンやナンパ、友達の紹介から始まり、今の時代はマッチングアプリや相席屋など簡単に女性に出会えるツールがある。なのに「出会いがない」と嘆くのは、まったくもってナンセンスだ。家でAVを見ながらぼんやりと「セックスしたいなぁ～」なんて妄想していても女性は寄ってこない。妄想を繰り返しているうちに、年取ってハゲて腹が出て頭がボケてきて人生ゲームオーバーだ。

出会いに課金して分母を増やし、セックスへの流れを意識しながら成功確率を上げていく。これがセックスにいたるまでの大まかな道筋だ。

ここで、理屈は分かったけどお金がない・・・という言い訳が聞こえてくる。そういう男は勝負する土俵に立っていない。セックスしたいという気持ちを馬力に日雇いバイトでも何でもするんだ。クレジットカードを作って未来の自分に借金でもしながら持ち帰り市場に出向くんだ。今の財布の中身なんて気にするな。財力がないと女性と遊ぶことはできないことを肝に銘じておけ。ちなみに、僕は女遊びをしてから借金が１００万円増えた。現在の借金は総額４００万だ！！！

「モテる」の定義を持て

「モテる」という言葉は何を指すのか。一体何を持って「モテる」というのか。

この言葉はとても抽象的な言葉だ。定義が漠然としている。なんとなくの認識で言葉が一人歩きしてしまい、具体的な行動に落とし込めていない人が多いと僕は感じている。


だからこそ、ここでモテる男の定義をしっかりと定めておきたい。あなたはもし「モテる男はどのような人か？」と聞かれたときに何と答えるだろうか？顔がかっこいい人？面白い人？オシャレな人？お金を持っている人？

実はどれも正解だ。これらの要素はモテを形成する上で大切な要素の一つだ。人それぞれ女性に好かれる要素というのは違ってくる。

では、僕にとって「モテる」の定義とはどういうことか。それは、「女性を楽しませられるか」を指している。自分がモテたいと思って気張って頑張ってもモテるわけではない。**女性に選ばれて初めてモテがついてくる。**では、どうやったら女性に選んでもらえるのか？

お持ち帰りで言うと、家やホテルに女の子がついていきたいと思うのか？

その答えが「楽しい」からだ。一緒にいて楽しいから男の誘いに乗ってくるわけだ。じゃあどうやったら楽しませられるのか？についてはこの先のテクニック編で詳しく話すが、その「楽しい」という感情を女性から引き出せる男が僕にとって「モテる」ことを意味する。

そこを押さえた上で、自分の特徴を理解している男はさらにモテる。人には得意不得意が存在する。おしゃべりが得意な人もいれば、話を聞くことが得意な人もいる。ファッションセンスがある人もいれば、ない人もいる。強面の人もいれば、塩顔の人もいる。収入が高い人もいれば、低い人もいる。

自分自身を客観的に捉え、特徴を理解し、それを生かして女性を楽しませることに全振りできる男になれると、次元が変わってくるだろう。

女性を楽しませることを念頭に置きながら、自分が得意なことや女性に響くんじゃないかってところを分析して、自分なりのモテ要素を生み出そう。

初対面で持ち帰れ

女性をお持ち帰りしようとしたとき、成功確率が一番高いのはいつなのか。ずばり結論から言うと、初対面のときが一番持ち帰りやすい。

その理由は、初対面のときが最も**警戒↓安心↓期待という感情のフェーズを描きやすいからだ。**

昔の僕は、何回かデートをしてお互いの信頼度を高めて、ある程度の関係性を築いてからでないとセックスはできないというような定石通りの考えを持っていた。1回目でご飯、2回目はご飯かデート、3回目のデートで付き合ったあとにセックスするみたいな正規のルートだ。むしろ、初対面で持ち帰るなんていう非道なことはしちゃいけないと思っていた。

しかし、この考えは確実に間違いだと今では断言できる。

女性が男とセックスするときには〝勢い〟というものがある。「気づいたら相手の家だった」なんて言い訳は勢い以外の何物でもない。その勢いが生まれるまでの感情のフェーズが、先ほど述べた警戒↓安心↓期待だ。この感情のフェーズを一気に生み出せるのが初対面のときなんだ。

女性は建前上「ワンナイトするチャラい男は無理！」とか言うが、本当に何もせず健全に解散すると「まぁ楽しかったし、ナシではないかな」となり、さらに時間が経つと「他にもっといい人がいるだろうなぁ・・・」となってフェードアウトしてしまう。

最初の出会いで抱いていたドキドキ感は、時間が経つにつれてどうしても薄れていき、服を脱いでブラを外してパンツを下ろす勢いは完全に失われてしまう。

基本的に、異性と出会う機会は普通に生活していたらそう多くはない。その数少ない出会いの中で得られるドキドキ感の延長線上で持ち帰れることが僕の経験上では多い。

さらに、途中までして終わるというのもダメだ。キスして終わるとか前戯だけして終わるとか。途中で終わってしまうと女性は冷静になり始める。「何であんなことしてしまったんだろう・・・」と自分の判断を後悔して、その後の回収の難易度が上がってしまう。

一度セックスをすると、女性はセックスしてしまったことを正当化するために言い訳作りを始め、初対面でセックスしてしまったという事実が浄化されていく

繰り返し伝えるが、一番持ち帰りやすいのは初対面のときだ。正規のルートを素直に歩んでいたらいつまで経ってもお持ち帰りなんてできない。初対面の人とセックスをすることは、一般的な世間のモラルには反しているだろう。しかし、即日で持ち帰るには常識という枠からはみ出る必要がある。常識の外側に女遊びの答えはある。

非常識を常識に変えることがヤリチンへの道だ。

PDCAサイクルを回せ

PDCAサイクルというビジネス用語がある。PDCAサイクルとはplan,do,check,actionの略称だ。計画を立て、行動して、改善して、また行動する。経験人数を増やすことをミッションに掲げていた僕は、アポのたびにPDCAサイクルを回してきた。

行動したら必ず何かしらの結果が出る。行動と結果の間には必ず原因がある。失敗したら失敗した原因を考え、逆に成功したら成功した原因を考える。その原因を言語化していくことで、自分の中に確かなノウハウが蓄積されていく。

経験から基づくデータがたくさん取れれば取れるほど、臨機応変に女性と接することができて、持ち帰りまでの最適解を導ける確率が高くなる。

たとえ正解は出せなくても、試行錯誤して自分の魅力を上げようとしている男は、女性をどうやって楽しませるか、喜ばせるかという施策が結局浮かんでくる。その施策を積み上げていくと女性の満足度がグングン上がっていき、抱かれるか抱かれないかの境界線をブチ抜けて、いずれセックスにたどり着く。そして、モテたいと本気で考えて行動している男は意外と少ないから、大多数の男と自然に差別化できて持ち帰り市場においての価値が上がっていく。

モテない人生を送っている人は、考えることを放棄してしまっているんだ。思考を止めている男にモテる権利は与えられないし、人間的な成長もない。モテたいという動物的本能に蓋をするような向上心のない男に女性は魅力を感じない。石器時代のころから、女性は強くて賢い男に魅力を感じるようにできている。

僕も持ち帰ろうとしたけどできなくて、苦渋をガブ飲みした夜は数知れない。しかし、改善策を考え続けることで課題が明白になってきて、また立ち上がる勇気が湧いてくる。感覚だけでうまくやろうとする人がいるけれど、甘すぎる。感覚でやれる男は生まれつき女性を楽しませる才能を持っている男だ。そのような男はとっくの昔からモテモテで、こんな本にはたどり着いていない。今ごろどこかのベッドの上で腰を振っているはずだ。モテない村出身の男だからこそ、どうやったらモテるのかを必死で考えるんだ。脳みそフル回転でPDCAサイクルを回して回して回しまくって答えを探し続けるんだ。

起きる物事にはすべて理由がある。その理由を明確に持っていないと、うまくいったとしてもただの一発屋で終わってしまう。脳みそから汗が垂れるほど必死に知恵を絞り出した者だけがたどり着ける真理がある。その真理が血となり肉となり、男としての価値を高めてくれる。

努力なくして成功なし。PDCAサイクルを回すことで、より自分をブラッシュアップしていけ。

市場価値を意識しろ

お持ち帰り活動をしていると、抱ける層と抱けない層に分かれてくる。

まるで魔法をかけたかのようにいとも簡単に持ち帰れる女性もいれば、どうあがいても相手にすらされない女性がいる。場数をこなすにつれて、**持ち帰れるかどうかはテクニックの有無もあるが、ある程度は自分の市場価値で決まってくることが分かってきた。**

では、ここでいう市場価値とは何を指すのか。それは、自分と相手とのレベルの差だ。

例えば、自分の男としてのレベルが中の下だったとする。そのとき、対面してから何を話すかどうかの前にある程度の勝負は決まっていて、持ち帰れる女性のレベルは中の下以下の女性になる。

ここで持ち帰り市場のカラクリの話になるのだが、結論から言うと、**女性は自分よりレ**

ベルの低い男には一切振り向かない。男は「ヤリたい」とか「モテたい」という欲望から、たとえ自分より下のレベルの女性だとしても降りられる。しかし、女性は自分のレベル以下には決して降りてこない。

別の章で詳しく話すが、女性には女としての価値を下げたくないという本能がプログラミングされている。だから、女性は目の前の男が自分よりレベルが低いと察したら、本能が作動して一切振り向かなくなる。抱かれるとしたら自分と同じくらいのレベルか、それ以上の男になってくる。

これはもうお持ち帰り市場における原理原則、ルールみたいなものだ（たまにヤリマンという変わり者もいるが・・・）。

持ち帰れる確率を上げていきたいのであれば、自分の市場価値を高めてターゲット層を広げることだ。市場価値が上がれば自然とターゲット層が広がって刺さる女性の分母が増えるから、その分持ち帰れる確率も高まる。

そこで、どうやって自分の持ち帰り市場における価値を分析するかなのだが、まずオススメなのが顔から入ることだ。例えば、自分の顔を鏡で見て上の上〜下の下という判断基準でレベル分けしてみる。

先ほど述べたように、出会った女性の顔のレベルが自分より下であれば抱きやすい。しかし、もっと綺麗な女性を抱きたい、理想の女性を追っていきたいとなったら、現在の市場価値に加点できる施策を打っていけばいい。髪形、美容、肉体、服装、ユーモア、社会的地位、収入など市場価値を上げるための施策はたくさんある。

自分の理想の女性が男にどんな要素を求めるかの仮説を立てて、そこを磨いていく。これもPDCAサイクルを回すことの一つだ。

小手先のトーク術を学んだとしても、女性に市場価値が低いと判断されてしまったら土俵にすら上がれない。自分の持ち帰り市場における価値をしっかりと見極める目を養うことも、モテる男になるための修行の一つだ。

ターゲットを絞れ

市場価値の話に付随するのだが、持ち帰り市場では自分の市場価値と特徴に対して親和性の高い女性が存在する。自分の市場価値を分析しながら場数を踏んでいくと、相性のいい女性が大まかではあるが見えてくる。

即日で持ち帰るという結果にコミットしたときに、その確率の高い層に狙いを絞ることがとても大切な考え方になる。
例えば僕で言うと、見た目は童顔で細身だ。出会った女性がエグザイル系の強めの顔が好きだとしたら、自分のターゲットからは外れる。自分が拾っていくべき層はジャニーズ系、ジュノン系のような少し綺麗めの顔が好みだという女性だ。それ以外の層は成功確率が低いから次の女性にいくという判断ができる。

今は見た目だけの話ではあるが、自分の持っているスペックや特徴に対して噛み合うかどうかを会話の中で探っていくんだ。自分のターゲット層が絞れていれば、チェスのような感覚で二人の相性を詰めていける。
そうすることで、成功確率の高い女性と低い女性を振るいにかけられて、口説く時間とお金を浪費しなくて済む。人生の中で出会える女性の数は限られているのだから、無駄な労力を使っている時間はない。その時間を自分のターゲット層にヒットする女性を見つける時間だったり、市場価値を上げるための自分磨きに使うほうが圧倒的にコスパはいい。持ち合わせているエネルギーをどこに投下するかのプランを練ることも、知性を磨く上では非常に大切だ。

ターゲット層を絞れていない男の持ち帰れる確率は下がる。できたとしてもそれはマグレだ。再現性は低い。

敵を知る前に、まずは己を知れ。

イメージを先に入れろ

僕が持ち帰り活動をする中で感じたことの一つに、これまで説明した市場価値とターゲット層の認識に加えて、目標人数を具体的に設定し、強くイメージすることが大切だということがある。

イメージを持っていないときは行き当たりばったりで、出口の分からない迷路をさまよっているような感覚があった。しかし、具体的なイメージを持ってからは持ち帰り活動がどんどん主体的になっていき、それに比例して経験人数も増えていった。

基本的に、持ち帰るには出会って、アポを入れて、うまくいく or いかないというプロセスを踏む。この前段階にイメージを入れてみると、現場での出会いがまるで自分主導で引き寄せたような形になる。女性との出会いが偶然ではなく、必然かのような感覚になる。そして、イメージと現場をすり合わせていく。イメージに女性を当てはめていく。

そんな出会いの積み重ねで女性のいる場所に出向いていると、イメージが形になっていると感じる瞬間がくる。そうすると、「あれ?これ徐々に形になってきてるんじゃね?いけるんじゃね?」という感覚になってくる。

こうなったらもう面白くて止まらない。行動すればするほどイメージが現実化されていき、面白いほどイメージに比例して経験人数が増えていく。

イメージを持って、出会いに行って、アポして、ホテルに行こう or 家に行こうって言う。持ち帰り活動でやっていることをシンプルにしたらこれだけなんだよね。それを分かったら、女性を持ち帰るってそれほど難しいことではない。

「思考は現実化する」なんてよく言われているけれど、本当にそうだと思う。僕も経験人数が4人のときに「30人を目指そう!」と決めてから現実が動き出した。良いことも悪いことも含めて、イメージを実現するために必要なことが自分に起こり始めた。そして、気づいたら目標の経験人数を超えていた。思考が現実化した瞬間だった。

まずは先にイメージをする。そこから現実を作っていく。

お持ち帰り活動はクリエイティブな要素が多い。

ゴールを明確化しろ

あなたは彼女が欲しいのか？女友達が欲しいのか？それともワンナイトがしたいのか？セフレが欲しいのか？

もし、これからあなたがモテたいと思って本気で行動しようとするなら、自分のゴールを明確に決めておいたほうがいい。それは、**自分が描くゴールによって戦略が変わってくるからだ。**お店選び一つにしろ、話す内容にしろ、お店を出たあとのアプローチにしろ、すべてが自分の描くゴールにひもづいている。

ワンナイトをしたいのなら即日系の女性にターゲットを絞って行動すればいいし、セフレにしたいのならセックスの腕を磨けばいいし、彼女を作りたいのなら長期的な関係を築けるように自分の人間性を磨いたり、経済力を高めればいい。

ワンナイトもしたいしセフレも欲しいし彼女も欲しいという多欲な男は、結局何一つ手に入れられない男になるのがオチだ。とくに非モテのうちからそんなことを言うのはナンセンスだ。ターゲットが絞れていないから言動に一貫性が生まれない。何がしたいのかわからない男として認定され、女性に信用されないし心も揺さぶれない。

ゴールを明確にすることで、今取るべき選択が見えてくる。無駄な行動なんて何一つない。ゴールへの最短距離の選択を取らなければ目標は達成できない。まずは欲望を絞り、一点突破をテーマに前進していけ。それを積み重ねていけば、きっと手に入れられるものも増えていく。

負けパターンを知れ

僕自身、これまでに負けた夜は数えきれない。悔しさで歯を食いしばりながら寝た夜は、今でも忘れられない苦い思い出だ。しかし、負け続けることで徐々に分かったことがある。

負けるときには似通ったパターンがあることを。

僕の成長の根っこには、負けパターンの蓄積がある。負けパターンが確立されることに比例して、持ち帰れる確率が上がっていった。その理由として、負けパターンを知ることは即日でお持ち帰りするというゲームの一つの鉄則に則っていたからだ。

その鉄則とは、**何をするかよりも何をやらないかのほうが大事だということだ。**

女性は男が打診する前に、目の前の男が自分とセックスする基準に到達しているかの合否を決めている。その合格ラインに到達すれば、女性は男の打診についてくる。

だから、約2時間のアポの中でどれだけ加点して合格ラインを超えられるかが成功の鍵となる。逆に言えば、どれだけ減点を少なくできるかが勝負の分かれ目になる。加点と減点の両輪を回していくことが、お持ち帰りには大切なんだ。

負けパターンを知っておくと、自然と地雷を踏まなくなる。ここはダメというのが経験則で分かってきて事前に避けられるようになるから、女性の減点を最小限に抑えられる。すると、持ち帰られてもいいかどうかの最終審査のようなラインまでたどり着きやすくなる。加えて、**モテない男の共通点として「言わなくてもいいことを言ってしまう」「やらなくてもいいことをしてしまう」という習性がある。**女性を喜ばせる、楽しませるという意識がないから気配りが生まれず、自分の思ったことをそのまま言動に移してしまい、女性の減点を食らっている。

しかし、そういう経験を積み重ねていったときにこそ負けパターンというのが見えてくる。負けが続いたときというのは、どこかで女性の地雷を踏んでしまっているということだ。そこに自分が成長するためのヒントが落ちている。急いでPDCAサイクルを回して、仮説と検証を繰り返しながら自分の負けパターンを確立していくんだ。勝ちパターンを知ること以上にだ。

負けたときにしか見えてこないこともある。

得意を活かせ

人にはそれぞれ得意不得意がある。目の前の女性を楽しませるには自分の不得意なことでやろうと思っても難しく、得意なことのほうが女性を楽しませやすい。だからこそ、自分の得意を見つけて磨いていったほうが、お持ち帰りできる確率は上がる。

僕がお持ち帰りの方法を教えるときに難しいなと思うところは、**自分にとっては簡単にできることが他人にとっては難しいという点だ。**ある程度の基礎的な法則みたいなことは教えられるが、いざ現場に出るとそれぞれの得意なことで戦っていくしかない。全員が全員同じやり方をできるわけでもない。何を言えば持ち帰れるというような魔法の一言もない。自分に合ったやり方を地道に見つけていくしかないんだ。

ただ、その得意なことは何だっていい。人の話が聞ける、面白い、ツッコミがうまい、気が利く、お酒が強い、最後のひと押しができる・・・etc。ちなみに僕の場合、人の話を聞くことが得意だ。それを活かして女性の心の扉を開き、分かってくれる男を演出して女性を連れていくパターンを構築している。相手の話を聞くことを軸に持ち帰りのノウハウを付け加えていくイメージだ。

先ほどは負けパターンの話をしたが、勝ちパターンは自分の得意の中に存在する。得意を探して試行錯誤していく中で、女性が笑顔になった瞬間にやった行動が、きっとあなたの得意なことに違いない。

負けパターンと勝ちパターンがはっきりと自分の中で見えたとき、以前は見えなかった景色が見えるようになる。

まるで女の子を操っているかのように思い通りに事が進んでいる感覚を覚える瞬間がくる。そのときこそ、本当の意味で非モテから脱皮したときだ。


一つ注意点として、自分の強みは他人と比べる必要はない。他人と比べてしまうと、上には上がいるから一生比較の螺旋で生きることになる。そうなってしまうと、とても辛い生き方になってしまうし、継続することが難しくなっていく。

あくまで自分が好きなことや自分がやっていて無理がないことをベースに強みを見つけて、さらに伸ばしていくといい。


必ず自分に合ったやり方が存在する。見つけ出せ。

自分を商品だと思え

僕がお持ち帰り活動を始めたころにぶつかった壁がある。それはライバルの多さだ。ナンパにしろ相席屋にしろマッチングアプリにしろ、女性がいる場所に行ったとき、女性以上に男がいる。同じ空間にいる男全員がライバルなわけだ。

僕は当初、そのライバルの多さに圧倒されていた。周りにいるすべての男が自分よりもかっこよく見えて、オシャレに見えて、面白く見えて、仕事もできて、お金も持っているように見えた。自分が井の中の蛙に思えて、戦意喪失していた。

しかし、その中で戦わないといけない。落ち込んでなんかいられない。そう思ったときに、自分が戦える武器はなんだろうと考えるようになった。そこから、ある意味自分のことを棚にラインナップされている商品だと思うようになった。

お持ち帰りするには、棚に並べられている数多くの競合他社の中から選んでもらわなければいけない。そのために、まずは商品のパッケージとなる外見を磨いて手に取ってもらう工夫をする。同時並行で商品内容、いわゆる内面を磨いていく。外見と内面をトータルした顧客満足度が高ければ高いほど、購入にいたる可能性が高くなる。女遊びで言うと、持ち帰れる可能性が高くなるということだ。
だが、この意識を持てたところで持ち帰れるわけではない。あくまでようやく持ち帰りの土俵に立てたというレベルだ。そこから出会った日にセックスまで持っていくためには、圧倒的に顧客を楽しませる必要がある。その日だけでも女性にとってNo.1の男になれるくらいの最大瞬間風速を出す必要がある。そう思ったら、自分の得意なことをやっていくしかない。得意なことを磨いて女性を喜ばせ、競合との優位性をアピールしていくしかない。だからこそ、自分の得意を理解しておく必要がある。

さらに、自分を商品だと思うことで、客観的に自分を見つめ直すことになる。その視点が大事なんだ。**痛い男というのは自分を客観的に見れていない。自己理解が浅いバカな男だと思われる。**バカな男に女性は色気を感じないから、オスとしての価値が下がっていく。客観的な視点を持つことで知性や感性に磨きがかかり、アイデアや戦略が生まれてモテへの階段を登り始めることになる。

自分を商品だと思い、女性に与えられるメリットを羅列し、それを武器に持ち帰り市場で戦っていけ。

数をこなせ

誰もが羨ましがる美女を抱きたい。理想のタイプの子とエッチしたい。分かる。僕も常にそう思っている。どうせセックスするなら女性が可愛いに越したことはないし、可愛くない子とはなるべくセックスしたくない。しかし、こんな非現実的な妄想は今すぐ捨てて、質ではなく数にくくれと非モテ男子たちに伝えたい。

モテる男になるという道のりは、RPG ゲームみたいなものだ。

主人公がレベル1のところからスタートして、少しずつ敵を倒しながらレベルを上げていく。その過程で新たな技を覚えたり、武器をゲットしながら成長して、いずれラスボスを倒せるくらいにまでなっていく。ポケモンで言うと、ヒトカゲがコラッタやポッポを倒しながらレベルを上げて、リザードになり、リザードンになり、いずれセキエイこうげんを制覇して、ミューツーのようなラスボスを倒せるくらいにまでなるわけだ。ヒトカゲのままではセキエイこうげんも制覇できないし、ミューツーになんて出会えない。

お持ち帰りも同じで、レベル1の男ではレベル100の美女は絶対に倒せないし、そもそも出会えない。レベル1のところから少しずつレベルアップしていくことでしか美女にはたどり着かない。

そのために質ではなく数にくくり、場数を増やして経験値を取りにいくんだ。言い方は悪いが、コラッタやポッポのようなレベルの低い女性でも目をつぶって経験値のために抱くんだ。たとえ野生のルージュラが現れても、そのルージュラに熱いキスをかまして抱くんだ。

場数を踏んでたくさんの女性に触れていけば、徐々にコミュニケーションもうまくなっていく。その延長線上で成功体験ができる。その成功体験が余裕につながり、女性から見ると自信のある男に見えて魅力が増していく。それを繰り返していけば、おのずと市場価値が上がっていくだろう。まるでコイキングがギャラドスに進化するくらいの変化があるはずだ。そうなればもうマサラタウンに戻ることもなくなる。ルージュラを抱いたことも笑い話になる。

持ち帰り市場には「女性は自分より価値が低い男には降りてこない」という一つの鉄則がある。つまり、**女性がセックスしたということは「男に自分の価値を提供することに合意した」ということだ。**

美女に見合った価値を提供できる自分になるために、今は徹底的に数をこなせ。

見た目を磨きあげろ

第1章ではいろいろとマインドに関して話しているが、いくらマインドを強化してもお持ち帰りできるわけではない。持ち帰り市場において、女性のニーズは男のマインドにはない。では、女性はまず男に何を求めているのか?

見た目だ。

いくらマインドやテクニック、話術を鍛えても、容姿が汚らしくて清潔感のない男は女性からしたらただの迷惑。出会った瞬間に一発レッドカードでその場から退場させられる。とくに一期一会の持ち帰り市場においてはなおさらだ。汚い飲食店にはあまり入ろうとは思えないのと同じで、見た目が悪ければ女性は見向きもしてくれない。

これが学校、サークル、職場など、複数回コミュニケーションを取れて人柄を知る機会が多いコミュニティーであれば話は変わってくる。見た目が多少劣っていても加点できるチャンスはいくらでもあるだろう。

しかし、この本では出会ってから約2時間で持ち帰る方法を教えている。**超絶短期決戦なわけだ。**見た目が不格好だと足切りされてしまって、勝負する土俵にすら上がれない。どんなに強いマインドやトークスキルを持っていても、すべて無駄になる。

女性の厳しいジャッジをくぐり抜けるためにも、ファッションを研究する、筋トレをする、洗顔をする、髪の毛を整える、眉毛を整える、ムダ毛を処理するなどやらなければいけないことはたくさんある。女性と向き合う前に鏡と向き合え。改善点をあぶり出せ。施策を考えろ。そして努力をし続けろ。

非モテ男子はまず徹底的に見た目を改善したほうがいい。持ち帰るにはまずそこからだ。

勝負は打診する前に決まっている

持ち帰れるようになってからは、「持ち帰ろうとするときなんて言ってる?」と聞かれることが増えてきた。気持ちは分かるが、この質問をする男は決まってモテない。断言する。なぜなら、勝負は何を言うかの前に決まっていることを理解していないからだ。

どういうことかというと、**女性は二人で飲んでいる時点で、目の前の男とセックスできるかどうかを判断している。**外に出て打診するときには、勝負はすでについてしまっているんだ。そこで合格ラインを超えていないと、何を言おうが女性はついてこない。体はすでに帰りの駅の方に向かっている。もう手遅れだ。

女性は〝この人について行ったら楽しいかもしれない〟という期待がある状態で、なおかつ打診に言い訳があったらついてきやすい。極論、家に連れていくときの言葉は何でもいい。「映画見よ」「家にお酒が余ってる」「そこらへんでゆっくりしよう」とかその場その場の会話の流れで選択していく。もし飲んでいる段階で合格ラインに達していなかったら、男の誘いにはピクリとも反応しないだろう。

僕が誘うときも、二人で飲んでいる時点である程度の一体感があって〝いける〟という感触がある。だから、わざわざ具体的に「ホテルに行こう」とか「家に行こう」などと言葉にしなくても、フラフラとただ目的地に歩いていくだけでも女性はついてきたりする。

とにかく、何を言うか模索するのではなく、女性の満足度を上げることだけに思考のリソースを使うんだ。女性の満足度が上がっていない状態では何を言っても刺さりはしない。

勝負は打診する前にすでに決まっている。

「自分ならできる」と言い聞かせろ

女遊びを始めると、おのずと自分と向き合うことになる。それも弱い自分だ。

女遊びを諦める理由なんていくらでもあげられる。逃げ出す理由なんていくらでも並べられる。会話もうまくないし、面白いことも言えない。オシャレでもないし、イケメンでもない。拒絶が怖くて打診がなかなか言い出せない。セックスなんてほとんどしたことないから当然うまくもない。そもそも女性とアポが取れないなどネガティブな現実をあげたらキリがない。

それでもセックスをするために立ち上がるんだ。**根拠のない自信をぶら下げて女性の前に堂々と座るんだ。**

結局のところ、女性は最終的に男の自信や覚悟を見ている。表面的にいくら取りつくろっても、根本的なオスの強さというのはリスクある選択をする瞬間に現れる。女性はここぞというときにリスクを背負えない男に魅力を感じないように神様に作られているんだ。

当然、最初は成功体験もないしノウハウも何もない。唯一持っているのは根拠のない自信。「自分ならできる」と自分を洗脳して、根拠のない自信を膨張させることでしか勝てないと僕は思っている。「自分にはできない」と思った時点で努力もしないし知恵も勇気も出ない。だから成功しない。

すべては「自分ならできる」という勘違いを起こすところから物語はスタートする。初めから完璧な主人公の物語なんてちっとも面白くない。何もないところから成長して、目標を達成するまでのプロセスに人は感動するんだ。

持ち帰りも同じだ。女性との接し方なんて分からないところから成長してベットインするまでに人間的な成長がある。次元が一つ上昇する。しかし、それまでには確実に失敗がある。それを乗り越えるための呪文が「自分ならできる」だ。僕もこの呪文を唱えて何度も失敗を乗り越えてきた。不思議と立ち上がる力が湧いてくる。

「自分ならできる」。不思議な魔力を持った言葉だ。

持ち帰り市場は残酷だ

僕は昔、ドラマにあるような淡い恋愛を思い描いていた。

勇気を振り絞って好きな子に自分の想いを伝えてお付き合いをする。付き合ったあとは他の異性なんて見向きもせず二人だけの世界に入り込み、同じ景色、同じ経験を共有して大切な思い出を作っていく。その過程で手を繋ぐ。キスをする。そして、初めてお泊まりした夜に恥ずかしさと興奮が入り混じった感情を抱きながら下着を脱ぎ、全裸になり、セックスをする。そんな教科書通りの順番で事を済ませて、少しずつお互いの愛を育てていく。浮気の心配など一切せずに、お互いを思いやりながら何気なく過ぎていく日常を二人寄り添いながら生活していくと。

しかし、女遊びをして分かった。僕は夢見ていたことを。**持ち帰り市場は残酷だということを。**

昔描いていた妄想は本当に妄想にしか過ぎなかった。一歩外に踏み出せばヤリモク男子がうじゃうじゃいる。何度経験しただろうか。抱いた女性が彼氏持ちだったことが。

男が浮気するのはもちろんだが、女性も平気で浮気をする。彼氏に内緒でナンパ、合コン、相席屋、マッチングアプリなどの出会いの場に出かけて、イケメンに目をくらませアルコールで理性を飛ばす。男が用意した言い訳に乗っかり、理性の向こう側へと足を踏み出し快楽に溺れていく。

しかし、次の日には何事もなかったかのように起床して、そこらへんに散らかった服を慣れた手つきで拾い集めて通常の姿に戻り、これまでの日常に帰っていく。そして、彼氏以外のちんぽを咥えた数時間後には「おはよー。仕事行ってくるねー」と彼氏に平然とLINEを送るのだ。時間が経つにつれて、彼氏以外の男とセックスしたことは都合のいい言い訳によって正当化され、消化されていく。これがリアルだった。

男はより良いメスを求めるが、女性もより良いオスを求めて生きていく。これは生まれつき人間にプログラミングされている本能だから仕方がない。そこに「付き合っている」とか「結婚している」とか人間が後付けで決めたルールで縛ろうとしても、人間の持つ本能には勝てない。**人間が作ったルールはもろいんだ。**

これまでの恋愛に対する価値観は、女遊びをすることによってぶっ壊れた。

女性も浮気をするし、男遊びもする。かっこいい男がいれば抱かれたいと思う。都合のいい男がいればキープしておきたいと思う。セックスはめちゃくちゃ気持ちいいからもっとしたいと思う。思考回路は男と一緒だ。

もし気になった女性に彼氏がいたら奪えばいい。でも、自分に彼女がいても奪われる可能性がいくらでもあるってことだ。

持ち帰り市場は勝ち負けがはっきりしている弱肉強食の厳しい世界だ。

その世界は常識や理性ではなく、感情が大きな要素を占めており、その日一番感情を揺さぶった男が女性を抱く権利を手に入れる。男女が駆け引きをしながらお互いを審査している。理性が感情を上回ったとき、終電があるとか彼氏がいるなどの事実は消えてなくなり、快楽を求めて突き進む。

これまでに作られた女性像なんていうのは、女遊びをする前にゴミ箱に捨てて燃やしてしまえ。

最後にもう一度伝えておく。持ち帰り市場は、残酷だ。

第2章

女性を理解する

女性をお持ち帰りするには「女」という〝動物〟を理解する必要がある。よく男目線で女性を理解しようとする人がいるが、まったくもってナンセンスだ。一生女性の本質を捉えることはできないだろう。

女性は少しでも「この人は私のことを分かっていない」という感情を抱くと、一切男には振り向かなくなる。ブラジャーのホックを外す権利は与えられない。逆に「この人は私のことを理解してくれている」と思ったらより自己開示が進んで一体感が増していき、心の奥底で手を差し伸べて握手を求めてくるくらいになる。

では、何をもって「分かっている男」と「分かっていない男」に区別されるのか？

そこを知るためには女性を〝動物〟として見ていく必要がある。そこに生き物としての本質が隠されている。

第2章では、その女性の本質を紐解いていく。女性に対する理解の深さが、モテに直結する。

女性はより優秀なオスを求める

女性を理解しようとしたときに、必ず押さえておくべきポイントがある。

それは、すべての女性が「**人間という動物である**」ということだ。僕たち人間も大きなくくりで言うと、そこらへんにいる犬や猫などと同じ動物だ。この地球上で行われている食物連鎖に組み込まれた動物の一種にすぎない。

そして、この世のすべての動物には地球を繁栄させていくために神様から与えられた役割がある。それは「**繁殖**」だ。僕たち人間も、神様から「繁殖」という役割を与えられ、繁殖のために「性欲」という欲望が組み込まれた。

この「繁殖」という観点から女性を理解しようとしたときに、初めて女性がどういう生き物かが見えてくる。女性は何を考え、男に何を求めているのかという本質が掴めてくる。そこから、セックスへの導き方が見えてくる。


ここまでの前提を持った上で、男女の繁殖に対する役割の違いについて話していきたい。

人間は、繁殖のためにセックスを行う。男は女性の膣内に射精し、女性は男の精子を膣内に受け入れる。その際、男は射精と共に快感を得て賢者タイムに突入して終わりだ。しかし、女性は快感の先に〝妊娠〟というリスクを抱えている。

もし妊娠してしまうと、つわりから始まり、徐々にお腹が大きくなって私生活に支障が出てくる。仕事も休むことになり収入が減る。子どもを産むときも、当然命を落とす可能性がある。現代では出産時の死亡率は0．2％ほどとかなり低くなっているが、1800年代に消毒方法が発見されるまで、死亡率は10～20％くらいあったと言われている。さらに、産まれた後も母乳を飲ませるなど自分の一部を分け与えながら子育てをしていく。出産することで肉体的にも精神的にも大きな労力がかかるわけだから、子どもをボコボコと産むわけにはいかない。

となると、当然セックスする男も慎重に選ぶようになるわけだ。人類の繁栄という側面から見たときも、より優秀な男の遺伝子のほうが繁栄につながるわけだから、女性は男を遺伝子レベルで優秀かどうかを見定めている。子宮で男を判別しているわけだ。

まとめると、モテの本質というのは繁殖能力を高めることなんだ。

出会った女性に優秀な遺伝子を持つ男だと判断されれば、こざかしいテクニックなど使わなくても女性が求めてくるようになる。その分かりやすい目安として外見や社会的地位、年収などの物差しみたいなものが人間界ではあるわけだ。

この本質はお持ち帰りに限らず、付き合った後や結婚後にも当てはまる。

よく浮気や不倫をされて嘆いている男がいるけれど、極論を言うと、**女性が自分よりも優秀な遺伝子を持つ男に出会ってしまっただけの話だ。**昨今の世の中では浮気や不倫がタブーとされているため、その常識や法律に甘んじて自分磨きを怠っている男がたくさんいる。しかし、そんな向上心のない男の魅力はどんどん下がって価値が暴落していき、周囲の男のほうがより魅力的に見えてくるだろう。

それが浮気や不倫という形で現れる。もし浮気や不倫をされてしまったら、他の男に浮ついた相手を恨むのではなくて、オスとしての魅力が低い自分を嘆いたほうがいい。限りある資源を巡って男同士が競争するのと同じように、女性同士も資源を巡って競争する。女性はより優秀な遺伝子を求めるという理解を持っていれば、たとえ付き合ったり結婚したりしても自分の魅力を磨く努力は怠らないだろう。

常識や法律で本能は縛れない。繁殖能力の高さを示すことが本来のモテの形だ。動物という視点から女性への理解を深め、オスとしての在り方を学ぶと、おのずとモテにつながっていく。

女性にとってセックスはリスクだ

男にとってセックスをすることは娯楽であり、快楽であり、愛情表現であり、性欲処理の手段の一つだ。

しかし、先ほど述べたように女性にとってセックスはそんな単純な話ではない。女性がセックスをするときは常に〝妊娠〟という大きなリスクを抱えているからだ。

たとえコンドームをつけていても中で破れてしまい、種を植えられてしまうなんてことは可能性として0ではない。絶対に妊娠しないセックスなんていうのは存在しない。女性は肉体的にも精神的にも経済的にも大きな負担となる妊娠というリスクを抱えながらセックスしていることを、男はもっと深く認識しなければいけない。

ちなみに、我々が当たり前のように使っているコンドームだが、日本でコンドームが大衆に普及したのは1934年ごろと言われている。それまでは避妊道具なんてなかったわけだから、もし適当な男にヤリ捨てられ妊娠でもしてしまったら、母子ともにかなりの苦労を要することになる。石器時代なんかであればのたれ死んでしまうだろう。今にいたる長い年月の中で、セックスは命がけの行為であることが女性に刷り込まれているわけだ。100年にも満たないコンドームの浅い歴史なんかでは、その刷り込みは薄れない。

だからこそ、女性はセックスする男を厳しい目で判断している。「万が一、この男の遺伝子を受け取ってしまっても納得できる」と本能が判断して初めて女性は股を開く。持ち帰る側は、このことを強く理解しないといけない。酔わせたらヤレるみたいに持ち帰りを短絡的に考えてしまっている人は、今すぐその思考を捨てるべきだ。女性を舐めているし、女性へのリスペクトがない。

妊娠というハードルを越えてでもセックスしたいと思ってもらう男を目指すことこそが女遊びの本質だ。

セックスをしたいのであれば、セックスとはどういうものなのか?男と女のセックスの違いは何なのか?を理解しなければいけない。お股にちんぽを入れて腰を振るだけの行為じゃないんだ。人類の繁栄のために神様から与えられた行為がセックスというものなんだ。

セックスに対しての理解を深め、女性へのリスペクトを持とう。

女性は感情の生き物だ

「あー。ここホテル街につながる道だ。このまま歩いていったらきっとホテルに連れてかれるだろうな。でもさすがに初対面の人だしな・・・。ましてや出会ってからまだ2時間くらいしか経ってないし。会った日にヤっちゃうのはちょっと気が引けちゃう。だけどこの人と話してるのなんだか楽しいんだよね。もうちょっと一緒にいてもいいかな。もし襲われそうになったら断ればいっか。軽く飲むだけって言ってたし。とりあえずついていこー」

持ち帰られる女性の心情を描くとしたらこんな感じだろうか。頭ではこの人について行ったらいけないと思っていても、その場が楽しければついて行ってしまう。**理屈では「初対面の人とセックスしちゃいけない」と理解していても、その場の「楽しい」という感情が沸けば、感情に従って行動してしまうのが女性だ。**

女性が浮気をしてしまうときも、理性ではなく感情に従ってしまうからだろう。「彼氏がいるから他の男性とセックスしてはいけない」と頭で分かっていても、出会った男との時間が楽しかったら「まぁ手出されなければ大丈夫でしょ」みたいな感じでついて行ってしまう。その流れでどんどんハードルが下がっていき、結果的にセックスをして浮気になってしまう。

女遊びをしていると、女性の発言と行動が全然違うなんてことがよくある。例えば、飲んでいるときに「私、初対面の人とはそういうことしない」と豪語していた3時間後には家に来て、ペニスで突かれながら「キャインキャインッ」と喘いでいたりする。どういうお笑いなのだろうか。

だからこそ、男は女性が発する言葉を鵜呑みにせず、感情からくる〝行動〟を見るべきなんだ。〝行動〟こそが女性の本音だ。口ではいくらでも綺麗事を並べられる。

とにかく、理性を感情が上回るくらい女性を楽しませられたら持ち帰れるということだ。

女性のムラムラは安心感の先にしかない

女性が正常位でセックスするときの姿を想像してみてほしい。足を男の方に広げて、何とも無防備な体勢になっているはずだ。もし、その体勢で急に男が殴りかかってきたらどうなってしまうだろうか？抵抗することもできず、そのまま殴られてしまうだろう。挿入する際の基本的な体位は正常位なわけだが、正常位は相手に対して信頼がないと簡単にはできない体位なんだ。

つまり、**挿入するという行為は基本的に女性が男を信頼していて初めて成り立つ。信頼の手前には安心がある。だからこそ、女性のムラムラは安心感の先にしかない。**

女性は男と出会ったとき、まずは「警戒」から入る。そこから徐々に警戒心が解けていって「安心」に変わり、相手を受け入れるモードになる。相手を受け入れるという意味で、男に股を広げる行為と通じる意味合いがある。女性はそのようなつもりはないかもしれないが、セックスの形から見ると、警戒心が解けたところから性欲のスイッチが入ると言える。

性欲を発散する形を見ても、男はペニスから精子を出して快感を得るが、女性はペニスを中に受け入れることで快感を得る。出す側と受け入れる側に分かれるわけだ。だからこそ、女性が受け入れてくれる男になること、安心感を与えられる男になることが持ち帰る上でとても大切な考え方なんだ。

歴史を振り返ってみても、人間は何百万年前からお互いに戦って、殺しあって、食料を奪い合って、領地を奪い合っていた。だからこそ、本能的には多くの人が出会った人に対して不安や恐怖みたいな感情を抱くと僕は思っている。

まずはその不安や恐怖を取り除いてあげることが女遊びの基本だ。僕は危険じゃないですよ、仲間ですよ、安全ですよと伝える必要がある。それができて初めてお持ち帰りの土俵に上がれると言っても過言ではないだろう。

持ち帰れない人はちょっと手を繋げばいけるんじゃないかとか、お酒で酔わせればムラムラするんじゃないかと思っている人が多いがまったく違う。

安心感の先にしか女性のムラムラはない。どうやって安心感を与えられるかを考えていこう。

女性は「軽い女」だと思われたくない

女性は簡単には男の誘いに乗ってこない。いくら高級焼肉店に連れて行っても、いくら高いプレゼントをあげても、女性はいいと思わなかった男には絶対に振り向かない。むしろ、お金をかければかけるほどセックスが遠のいていき、投資に対するリターンが見合わなくて頭を抱えている男も多いだろう。

そこには女性に対する一つの理解が欠けているんだ。それは、**女性は「軽い女だと思われたくない」という強力なメカニズムが働いているということだ。**このメカニズムが働いているからこそ、女性は男の誘いに簡単についていくわけにはいかないんだ。

もし何の抵抗もせずについて行ってしまったら、「軽い女」というレッテルが貼られ、自分の価値を下げることになってしまう。たとえ目の前の男と一夜を共にしたいと思っていても、女性は抵抗してくる。「私、そういうところはいかないよ」とホテル街を歩きながらすまし顔で言ってくる。

しかし、女性には軽い女じゃないアピールをする強力なメカニズムが備わっているという理解さえ持っていれば、これが建て前だと見抜ける。

持ち帰る際の女性の抵抗は、セックスをしたくないから抵抗しているのではない。自分の価値を下げないための抵抗だ。そこで言葉通りに抵抗を受け入れて帰らせてしまったら、女性は「何でもっと押してくれないの」と不満に思うことだろう。一体どっちなんだと男に思わせるのが乙女心というやつだ。しゃらくせぇ。

そして、男はヤリチンだと思われても世間体に大したマイナスはないが、女性はヤリマンだと思われると世間体に大きなマイナスがある。女性こそ周囲の人間関係や環境に依存して、周りにどう思われるかを気にしながら生きている。目の前の男にも社会的にも軽い女と思われるわけにはいかないんだ。

この世のすべての女性に「プライド」というものが存在する。

女性は特別感を求める

もっとチヤホヤされたい。もっと褒めてほしい。もっとお姫様扱いしてほしい。

どんな女性でも、特別感が得られることを男にしてほしいと心の底では思っている。しかし、女性は自分の口からは「特別感がほしい」なんて絶対に言わない。自分で伝えた後の男の行動なんて安っぽく感じるし、**わざわざそんなことを言わなくても分かってくれる**

男を探している。

だから、持ち帰りたいのなら女性に特別感を与えなければいけない。まるでおとぎ話に出てくるお姫様かのように特別な存在であることを感じてもらわないと、持ち帰りの扉は開かれない。

一般的に、男はセックスに対して肉体的なつながりを求めるが、女性は精神的なつながりを求める。その精神的なつながりを作るために必要な要素が特別感なんだ。

自分は目の前の男性にとって特別な存在であると認識すると、仲間意識が生まれ、さらに特別な存在になろうとする。そして、自分が他の女性よりも優れていると思うことで自己肯定感も上がる。この過程で二人の間に一体感が生まれ、親密度を濃くしてくれる。その親密度の濃さによって、持ち帰れる確率が変わってくる。

「○○ちゃんといるとなんでも話せちゃう」「これまで出会ってきた女性とは違う」「こんな感覚になったのは久しぶり」みたいな口説き文句をよく耳にすると思うが、これは女性に特別感を与えている言葉だ。他の女性と差別化する言葉を与えることで特別感を演出している。

まずは女性が特別感を求めていると知ること。次に、特別感を与える言動を知ること、考えること。その知識が、いざというときの必殺の一撃に変わってくる。

女性は非日常を求める

非日常の空間は、女性が女性であるためのスイッチを刺激する。人類が歩んできた長い歴史の中で、女性は非日常の中で恋愛対象を探してきた。

僕たち人間は今につながる何万年もの間、どこかのコミュニティーに属して生活してきた。遠い昔の人たちは、100~150人の群れで生活していたと言われている。100~150という人数は、人生を過ごすコミュニティーの数としてはとても少ない。ほとんどの人が顔見知りで親戚のようになってしまう。

これを遺伝子学という観点から見たとき、実はあまりよろしくないんだ。限られた数の中から生殖相手を探すというのは、劣性遺伝子というものが表に出てきやすくなってしまい、何か障害や病気を持った子どもが生まれる確率が上がるからだ。

では、昔の人はどうやって異性と出会い、恋愛していたかというと、祭りだ。

現代では、祭りは文化祭のような仲間内で楽しむイベントみたいなイメージだと思う。しかし、昔の人は祭りを楽しむだけでなく、**他の群れと交流する機会が持てる一種の出会いの場として捉えていた。**そこでようやく自分と遠い遺伝子を持っている人と出会えて、恋愛スイッチが入る。

その習慣が長い年月を通して僕たちにも刷り込まれていき、遺伝子レベルで非日常の空間で恋愛スイッチが入るようになっている。

これは持ち帰りにおいても同じで、非日常感が高ければ高いほど持ち帰れる確率は高まる。そのためにデートコースを考えたり、レディーファーストをしていく。出会ってから持ち帰るまでのエンターテイメント性を高めることで非日常が演出されていく。**僕たちの仕事は、女性に非日常を提供することなんだ。**

非モテ男子はディズニーランドのキャストになったくらいの気持ちでいるのがちょうどいいかもしれない。


そして、非日常を与える一番強い施策としては、自分がめったに出会えない希少価値の高い男になることだ。男としての市場価値の高さが、非日常感に直結する。「こんな素敵な男性に出会うことなんてめったにない」と思ってもらえる魅力的な男を目指すことが面白いし、一番早いし、男としての最大の喜びだ。

非日常を一つのキーワードにして、ここからさらに自分を磨いていってほしい。

女性は責任を負いたくない

女性は責任を負いたくない生き物だ。これも人類の歴史をさかのぼってみると理由が見えてくる。

現代の日本では男女平等や女性の社会進出がうたわれているから、女性も外に出て仕事をしている。しかし、はるか昔の原始時代は違った。生存していくための男女の役割がはっきりしていた。

オスというのは、危険を冒してでも食料を調達するため狩りに出たり、新しい未開の地を発掘しようと外の世界に出向いていた。逆に、メスはオスが狩りに行っている間に家を守るという役割を担っていた。もしコミュニティー内で何か問題があり、自分が悪者にされてしまったら、村八分になって追い出されてしまう。原始時代では村八分にされてしまうと、外は敵だらけだし守ってくれる仲間もいなくなるから命を落とす可能性が上がる。だから、女性というのはなるべくコミュニティーを維持させるという方向にエネルギーが向く。

人間の本能的な役割を端的に言うと、オスは戦いで、メスは維持なんだ。だからこそ、女性は「崩壊させない」とか「状態を保つ」みたいなことをするのが本能的には向いている。責任を取って何かをするというのは、女性の本能の中には基本的にプログラミングされていない。

だからこそ、男が積極的に責任を負った行動を起こすべきで、それが男女の本能レベルでのいいバランスの取り方だ。

では、お持ち帰りにおいて責任が発生するのはどんなときかというと、決断するときだ。これは待ち合わせの場所や行くお店、頼むメニュー、会話のチョイス、ホテルへの打診などあらゆる場面で試される。そこで決断できない男に女性は本能的に魅力を感じない。だからこそデートプランはすべて男が決めたほうがいいし、仕事や生き方などの選択もすべて他人の意見ではなく自分で決断しているほうがいい。

もし決断が間違っていたとしても、そのリスクごと背負って生きている姿勢に女性は本能的に魅力を感じる。とくに持ち帰りにおいては、拒絶されるリスクを背負いながら堂々と打診できる男に、女性も思わずyesと言ってしまうのだろう。

女性は責任を負いたくない性質があることを知り、男が背負えるリスクはすべて背負うくらいの覚悟でアポに臨むことが大切だ。

女性は自己効力感を求める

アゲマンという言葉がある。

男が奥さんと結婚してから出世するなど、側にいる女性のおかげで人生がより良い方向に進んでいるときに使う言葉だ。アゲマンという言葉を使われた女性は、周囲からできる女と見なされ、女性としての価値が上がっていく。僕はアゲマンと言われて嫌な顔をしている女性を見たことがない。

女性は男が思っている以上に男の役に立ちたいと思っている。自分のおかげで男性が良くなっている姿を見ていると、自分の存在価値を感じられる。その存在価値が女性にとっての幸せだったりする。

だから、男は積極的に夢や目標を共有するといい。そして、そこに向かっている最中にうまくいくことがあったら「君のおかげだよ」と言ってあげるといい。その言葉が女性の本能に訴えかけて幸福度を高めるんだ。

もし、何かうまくいくことがあったら、自分の才能ではなく、支えてくれた女性のおかげ。努力で勝ち取ったのではなく、支えてくれた彼女のおかげ。その言葉の積み重ねが女性を幸せにしていく。

また、自分以外の誰かを心の真ん中に置くことで感謝が生まれる。感謝がモチベーションに変わり、人間力も上がっていく。女性の自己効力感を高めるために使っていた「おかげで」という言葉が、回り回って自分を高めてくれる。


結局、自分以外の誰かのためにやることが自分のためになるのだろう。だから、人の為と書いて「偽」と呼ぶのかもしれない。深いなぁ。

女性は「分かっている男」を求めている

第2章では女性についていろいろと述べてきたが、ここまで女性の本質について理解しようとする男はほとんどいない。女性の本能を理解し、さらに「人間とはなんぞや」という深いところまで考えている男の希少価値はものすごく高い。

もしあなたが本当の意味で女性を理解できたら、おのずと「分かっている男」になっているだろう。そういう男が女性の心だけでなく、子宮まで揺さぶれる男になっていく。

多くの男が自分のことしか考えていない。女性の話は聞かないし、自分のことばかり喋り続ける。イケメンだったらモテるとかオシャレだったらモテるとか面白かったらモテるとか上っ面のことばかりだ。そして頭の中はおっぱいとセックスのことでいっぱい。女性を楽しませてあげようなんて1ミリも思っていない。そんな浅い男に女性が振り向くわけもない。

女性は自分の話を聞いてほしいんだ。褒められたいんだ。認めてほしいんだ。非日常を感じたいんだ。特別扱いしてほしいんだ。だから男は女性が何を聞いてほしいか、何を喋りたいか、何をしてほしいかを常に考え続けなければいけないし、答えを出し続けなければいけない。

最初は間違った回答を出してしまうこともあると思うが、真剣に考え続けていると答えが見えてくる。それは女性の表情や仕草、会話の弾み方、結果に現れてくる。

想像力を全開にして、我をなくし、女性を本気で楽しませようとする男が女性にとっての「分かっている男」になれるのだ。

そんな「分かっている男」になれたら女性は心を開いてくれるし、その延長線上でお股も開いてくれる。女性への理解をもっともっと深めていこう。

第3章

即日お持ち帰り
秘伝のノウハウ

第3章は、本書の要となる現場レベルでのお持ち帰りノウハウだ。この部分を早く知りたくてうずうずしている読者も多いことだろう。まずは人を楽しませるための仕組みから入り、そこから具体的なテクニックに落とし込んで伝えていく。

有名なラーメン屋さんには秘伝のタレが存在する。試行錯誤を重ねて編み出したレシピは誰にも教えたくない。だからこそ秘伝となり、価値が生まれ、値段がつき、お客さんがお金を出す。これから伝えていくノウハウも、ラーメン屋でいう秘伝のタレのようなものだ。本当は知られなくないノウハウを1800円（税抜）という価格で提供している。「女遊び」という一品に、マインド、女性の理解、テクニック、自己啓発の全部乗せ。ニンニク野菜アブラはマシマシで。こってりとした濃厚な文章はまるでラーメン二郎そのもの。本書は二郎系インスパイアの一冊と言えるのではないか！！！

本書も中盤に差し掛かり、これまで提供した情報を消化するのも大変かもしれないが、気持ちを新たに吸収してくれ！

非モテ人生を変えた一つの仮説

さっそくだが、お持ち帰りを成功させる上で大切な考え方を伝えておく。

ずばり、「**ポイントのかき集め**」だ。女性を喜ばせたり楽しませせられたらポイントが貯まるとして、それがある一定の水準まで貯まると女性の心の扉が開き、お股の扉も開くという考え方だ。

僕にはこの「ポイントのかき集め」という仕組みが、即日でお持ち帰りするための最適解だという自信がある。そこで、多少ばかりこの結論にいたるまでの経緯を話しておきたい。

僕がお持ち帰り活動を始めたころ、まったくうまくいかない時期があった。相席屋に行ってはチェンジされてしまうし、デートをしても早めに帰られてしまう。合コンでも僕に連絡が来ることはなく、他の男と後日デートをしている。モテない、持ち帰れないという事実が積み重なったあるとき、なぜ女性に帰られてしまうのかを冷静に考えたことがあった。

世の中には簡単に女性を持ち帰れる男がいて、セックスしまくっている男がいて、なぜ自分は持ち帰れないのか？ セックスできないのか？ その男と自分の違いはなんなのか？ 外見なのか？ トークなのか？ お金なのか？ 失敗の原因を因数分解していった先で、女性が男について来るときの心理状況について考えた。

「女性を持ち帰るっていうことは女性が自分についてくるってことだよな。じゃあどんなときに女性は自分についていきたくなるんだろうか？」この疑問を紐解いていったとき、「楽しいからついてくるんじゃないか」という仮説が浮かんだ。そのとき僕は気づいた。

「あっ・・・。俺、全然女の子を楽しませようとしてない・・・。自分がおっぱい揉みたい、自分がセックスしたいという気持ちが強すぎて、女性を楽しませようという気持ちが欠けている。もしかしたら、お持ち帰りするために足りないのは女性を楽しませようとする気持ちなのかもしれない。今の状況ではいつまで経ってもセックスなんてできない。お金と時間を浪費するだけだ。ここは試しに自分の欲望は頭の片隅に置いといて、女性を楽しませることに集中してみよう」

そこから、僕はどうやって女性を楽しませられるかを考えていった。

セックスは女性を楽しませたことの対価だ

女性を楽しませることを意識したとき、その方法のヒントとして当時働いていたカラオケ店での経験が役に立った。

僕がやっていた仕事の一つに、カラオケ店での仕事がある。しかし、そこらへんにあるようなカラオケ店とは一味、いや二味も違う。西麻布にある高級カラオケ店だ。お客さんには名だたる企業の社長さんや誰もが知っている芸能人、スポーツ選手などの超一流の人たちが訪れる。

一回のカラオケで会計が10万や20万、ときには100万円越えの会計を見ることもある。高級テキーラが何杯も飛び交い、高級シャンパン、高級ワインが湯水のようにどんどん空いていく。一般的な大衆カラオケ店とは客層も飛び交うお金もスケールが違う。

さらに、お客さんも超一流の世界で戦っているわけだから、仕事の基準値も当然高い。お店に求めるものも高くなるし、見る目もシビアになる。その高い基準値に見合った仕事をしなければ経営は成り立たなくなるわけだが、お店はどんどん忙しくなっていった。超一流の人たちが「また来ます！」と言いながら笑顔で帰っていき、別の人を連れてまた来店するなど口コミがどんどん広がっていた。

僕は、その光景を見てすごいなと思うと同時に、「どうやってこの超一流の人たちを満足させているんだろう？」と疑問に思い分析した。よーく観察していく中で気づいたのは、**特別なことはとくにやっていないということだった。**「これをしたからお客さんが感動した」とか「これを言ったからお客さんの満足度が上がった」みたいな何か必殺技のようなものがあるわけではなく、誰でもできるような当たり前のことを徹底して続けていると感じた。ある意味、小さなポイントをかき集めているような印象を持ったのだ。そこから、**人を感動させる秘訣は、お客さんが喜ぶ小さなことを積み重ねて、その小さなことの数と質を上げていき、ある一定のラインを越えたときに人は感動するのではないか**という仮説を立てた。

この仮説をお持ち帰りに応用した。

女性と待ち合わせた瞬間から女性が何をしたら喜ぶかを考えてアポにのぞんだ。ポイントをかき集めるかのように細かい施策を積み重ねていった。別にこんなところ気にしなくてもいいだろうと思うような細かいところも意識していった。

そこから、僕のお持ち帰り人生は激変した。相席屋に行けばチェンジされずに外に連れ出せるし、合コンをすれば後日デートに行く約束を取れるし、二人で飲めば持ち帰れるし、面白いように女性が僕についてくるようになった。

そして気づいた。

「そうか。セックスっていうのは女性を楽しませたことの対価なんだ。セックスを追えば追うほどセックスは逃げていく。女性を楽しませれば楽しませるほどセックスがついてくるのか」

昔の僕は、女性を持ち帰れる何か必殺の言葉や行動のようなものがあると思っていた。だから、口説き文句はなんて言ったらいいんだろうとか、居酒屋を出た後に何をしたらついてくるのかばかり考えて失敗を繰り返していた。

しかし、そんな必殺技など存在しなくて、誘う前に女性をどれだけ喜ばせているか、楽しませているかが重要で、その水準がある一定のラインを越えると女性は感動し、この男ならついていってもいいと思うようになる。誘い文句はさほど重要ではなく、勝負は打診する前に9割決まっていることを学んだ。

もしこの気づきがなかったら、酒と女にお金を垂れ流しながらゾンビのように夜の街を徘徊していただろう。


出会ったその日に持ち帰られてもいいと女性に思ってもらうのはやはりハードルが高い。「感動した！」くらいのレベルまで満足度を高めないと、即日でお持ち帰りなんてできない。

しかし、人を感動レベルまで持っていくことは決して簡単ではない。ちょっとやそっとやってあげただけでは感動してもらえない。「普通に楽しかった」と思うレベルではダメなんだ。だからこそ全力で女性のことを考え、全力で女性を楽しませなければいけない。

その基準値が高ければ高いほど自分を磨いていこうと思うし、その分、腕に磨きがかかって打率が上がっていく。

以上の理由から、僕は「ポイントのかき集め」という仕組みがお持ち帰りするための最適解だと自信を持っているんだ。持ち帰り方を伝えるときに、僕がやっているさまざまなテクニックを並べて、それを真似するのが一番の近道だと思う人もいるだろう。しかし、その前に女性に楽しいと思ってもらえる構造を理解することが、一番の近道だと僕は思っている。全体的な構造を理解した上で、初めてテクニックが効果的に使えるようになってくる。まずは女性が感動する仕組みをしっかりと捉えておこう。

何をするかよりも何をしないかのほうが大事だ

先ほどは女性を楽しませてポイントをかき集めろという話をした。しかし、それよりも大切なことがある。**「何をしないか」ということだ。**さっそく逆のことを言って混乱している読者もいると思うが、これにもちゃんと理由がある。

「負けパターンを知れ」の目次でも話したが、持ち帰れない男の多くが女性の地雷を踏んでしまっている。「それ言う必要なくない?」とか「その言い方ないでしょ」みたいな女性が不快になる言動をして減点されている。女性は優しいから直接言ってくることはないが、内心では「この男なしだわ」と切り捨てているに違いない。それまでにいくらポイントを積み重ねていても、一度地雷を踏んでしまうとジ・エンドだ。ガッツリ減点されてしまい、そこからは何をしても失われたポイントは取り返せず、消化試合のようなアポになってしまう。

なぜそこまで地雷を踏んでしまうことがダメなのかというと、引かれるポイントの幅が大きいからだ。加点は1~3点くらいの幅で行われるものだとしたら、減点は一気に10点以上引かれてしまうと思ってもらっていい。一発免停みたいなもので、持ち帰る権利がその場で剥奪される。何をするかよりも何をしないかのほうが絶対的に大事なんだ。

ちなみに、減点は配慮のなさから生まれる。**発言の裏側にある意味まで考えられていないんだ。**その思考の浅さが不必要な発言を生み、女性の地雷を踏んでしまうことにつながる。加点ではなく減点をなくすことに意識を向けると、相手への配慮が生まれる。その配慮が思いやりになり、その思いやりが居心地の良い空間を作ることになり、満足度が上がっていく。

そして、減点されないことを意識していくと、そのことが大きな加点になるんだ。世の中のほとんどの男が気配りや配慮ができない。だからこそ、それをできるだけで男としての大きな差別化になる。男としての大きな価値になる。

加点していくことは当然大事なのだが、それだけではお持ち帰りには不十分で、加点と減点の両輪を回していくことが必要なんだ。女性の地雷を避けながらほふく前進のように少しずつ進んでいくことがお持ち帰りの極意だ。

何をするかよりも何をしないかを意識したほうが、よほどベットインに近づく。

気配りとは想像力だ

よく気配りができる男性はモテると聞く。持ち帰りにおいても、気配りをすることは大事だと先ほど話した。

だから「気配りして女性をエスコートしてあげよう!」と一言で言っても、じゃあ気配りとは一体どういうことなのか?一体何をすればいいのか?その答えが分からない人も多いことだろう。

僕も性格的に気を遣えるほうではなく、気配りを覚えるのにとても苦労した。だからこそ言えるのだが、**気配りは想像力があって初めて生まれる。**これから起こる流れを想像して、女性が喜ぶことをしてあげる。必要だと思うことをしてあげる。女性の発言から真意をくみ取り、女性が聞いてほしいことを聞いてあげる。言ってほしいことを言ってあげる。

一歩二歩先を想像した上で相手がしてほしいことを先回りしてやってあげることが気配りだと僕は思っている。

例えば、あなたが女性と飲食店に入ったとき、袋に入ったおしぼりがカゴかなんかの入れ物にまとめて入っていたとする。その時点で、女性が〝おしぼりを取り出す〟ことを想像する。そうしたら、何をしたら女性に「ありがとう」と言ってもらえるかを考える。おしぼりであれば、袋から開けて先に渡してあげることだろう。女性が袋から開ける手間も省けるから「ありがとう」がもらえるし、先に渡すことでレディーファーストしていることもアピールできて特別感につながる。

気配りができない男はテーブルにおしぼりが置いてあっても「あ、おしぼりが置いてあるなぁ」くらいにしか思わない。女性が〝おしぼりを取り出す〟ところまで想像できていない。だから自分の分だけ先におしぼりを取って開けてしまうし、「おしぼりを開けて渡してあげる」という気配りが思いつかない。レディーファーストにもつながらない。最終的に、モテないという結果がやってくる。

逆に気配りができる男は女性が〝おしぼりを取り出す〟ことを想像できているから、「おしぼりを開けて渡す」という気配りが思い浮かぶ。気配りをすることでレディーファーストができて特別感につながる。その積み重ねでモテていく。

気配りができるようになるキーワードは「てことは?」だ。「おしぼりが置いてある。てことは?」「女性がコートを着ている。てことは?」「女性のグラスが空いている。てことは?」みたいに「てことは?」を自分に言い聞かせると、次のアクションを考える癖ができる。気配りが苦手だという人は「てことは?」と考える習慣をつけてみるといい。

他にも気配りの例はたくさんあるが、参考までにアポで意識すべき気配りをいくつか紹介しておく。

・エレベーターの扉を押さえて女性を先に出してあげる
・椅子を引いてあげる
・コートをハンガーにかけてあげる
・奥の席を譲ってあげる
・カウンターであれば女性の左側に座る
・おしぼりを先に渡してあげる
「寒くない?暑くない?」と気にかけてあげる
・注文を決めてあげる
・メニューを見やすいように提示してあげる
・料理を取り分けてあげる
・グラスの取っ手を利き手側に向けて渡してあげる

・ドリンクのお代わりを聞いてあげる
・女性の食べるスピードに合わしてあげる
・女性が食べているときはあまり顔を見ないようにしてあげる
・女性がトイレに座っている間に会計を済ましておく
・ドアを開けてあげる
・歩調を女性にさりげなく合わせてあげる
・ヒールなどを履いていたら長時間歩かせない
・エスカレーターでは男が女性の下側に立ってあげる
・車道側を歩いてあげる

とりあえずこんなところだろうか。これらすべての気配りがポイントの加点になり、この気配りの量を増やすことが女性の満足度を上げることにつながる。そのためにもやはり場数を積むことが大事だ。場数を踏めば踏むほどアポの流れが分かっていき、想像力が洗練されて正解を出せる確率が上がっていく。

気配りとは想像力があって初めて生まれる。流れをイメージして先手を打ち、アポの主導権を握っていけ。

友達フォルダに入るな

僕が非モテ時代に知っておきたかったことの一つに、女性は目の前の男をフォルダ分けしているということがある。

この男はワンナイト、彼氏候補、友達、それ以下と、出会ってから数時間の間に容姿や会話を通してフォルダ分けしている。残酷なまでに男を厳しいジャッジで仕分けしている。一旦、友達フォルダに入ってしまうようなことがあれば、目の前の女性を持ち帰ることはできないだろう。多くの場合、**女性にとって友達の延長線上にセックスはない。**

だからこそ、アポの流れも友達フォルダに入らないように設計しなければならない。僕が友達フォルダに入らないために意識していることは、「女性の内面を引き出す」「刺激を与える」、この2点だ。

女性が男を友達フォルダに入れてしまう理由の一つは、出会った男との未来に期待感が持てないからだ。「もしかしたら気が合うかもしれない」「もしかしたら好きかもしれない」など多少なりとも出会った男との未来に期待感があるからこそ、女性は男の誘いに乗るんだと僕は思っている。未来を感じなければ友達かそれ以下でいいとなってしまい、時間の無駄になるため男の誘いは断るだろう。

そうならないために、女性の価値観やこれまでの経験などをしっかりと引き出してあげて、自己開示を進めていくことが大切だ。自己開示が進んでいくと、女性は男に心を開き、期待感が上がり、その延長線上で友達フォルダから外れる。


次に「刺激を与える」という点だ。ワンナイトにしろ、彼氏にしろ、女性が男に求める要素の一つに〝刺激〟がある。友達フォルダに入ってしまう男というのは、普通すぎて刺激がないんだ。

例えば、昔クラスのちょい悪男子がモテていたのも刺激があったからだ。大半の男は仲間外れにならないことを指針に自分の行動や考えを決めている。しかし、そんな大衆の意見など無視して自分勝手に生きている男は、アンチもいるかもしれないが自然と少数派になり希少性が増す。その希少性が女性にとっての刺激に変わり、友達フォルダに入らなくなる。その延長線上でモテていく。

論理的には優しくて、思いやりがあって、浮気しない誠実な男のほうがいいに決まっている。しかし、**世の中でモテている男は思うがままに生きて、女遊びをして、好き勝手やっているヤンチャな男だ。**

なんて不都合な真実なんだ。この世はほんと嘘ばっかりだ！

そこらへんにいそうな男に女性は抱かれない。即座に友達フォルダ行きだ。持ち帰り市場において女性が求めているのは真面目さではない。安心感と刺激だ。

理性と感情が矛盾するところにモテる秘訣が隠されている。モテる男は意識的にも無意識的にも理性と感情の交差点に立っている。

もう優しい男でいるのはやめよう。

一体感をどれだけ作れるか

抽象的な言葉になるが、最終的なお持ち帰りの成功はどれだけ深い一体感を相手との間に作れているかどうかが決め手になる。

ここでもう一度よく考えてみてほしいのだが、一般常識から見てみると**初対面の人と全裸になりお互いの性器を擦り合うなんていうのは異常な行動なわけだ。**即日でお持ち帰りをしたいのであれば、その異常な行動を女性に求めていることをあらためて認識するべきだ。そうすると、相当な一体感が必要になることも腑に落ちるだろう。

この「一体感」という言葉は「初めて会った気がしない」という言葉に変換すると理解

しやすいかもしれない。

僕がアポをこなすときは、女性に「なんか初めて会った気がしない」と思ってもらうことを常に目指している。「楽しかった」「良い人だった」「優しい人だった」なんていうありきたりな言葉はいらない。「初めて会った気がしない」くらい距離感を詰めていく。それくらい違和感のない関係性を2時間くらいの間で作れて初めて、即日お持ち帰りという異常な世界を味わえる。

すべての言動が一体感を作ることにつながっている。一体感を作るためにお店選びをしたり、相づちを打ったり、レディーファーストをしたりする。すべては初対面であることを忘れさせ、思わず股を開いてしまうくらいの安心感を与えるための布石だ。

決して自分だけが楽しくなってはいけない。二人の温度感を適度に保たなければいけない。むしろ、自分が楽しいと思ったら注意が必要なくらいだ。相手にもてなされて自分が勝手に気持ちよくなっているだけかもしれない。


この一体感は場数をこなして感じていくしかない。文章では伝わらない空気感が現場にはある。成功と失敗の空気感はまるで違う。

あくまで女性を第一に考えた上で、女性の心をほぐしていくこと。心の奥底で握手をしているくらいの一体感を作れる男がお持ち帰りできる男だ。

即日お持ち帰りは立場を逆転させるゲームだ

アポを組んでいざ女性の目の前に座ったとき、肝に銘じておいてほしいことがある。男は女性に選ばれる立場にいるということだ。女性は「**ただ安く飯が食べれて酒が飲めてちょっと時間が空いたから来ているだけで、目の前の男になんて興味がないし、ましてや抱かれようなんて1ミリも思っていない。まぁどれくらいの男か品定めしてやるか**」くらいの気持ちでアポに来ていると思ったほうがいい。

そんな女性に有利な立場をひっくり返すのが即日お持ち帰りというゲームだ。

とくに美女なんかは数えきれない男から口説かれている怪物なわけだから、そこらへんにいそうな男になってしまったら見向きもしてもらえない。「あ、この男も同じやり方で攻めてくるありふれた男か」で終わってしまうのがオチだ。ありふれた男にならないために、希少価値の高め方を学ぶ必要がある。それには即日お持ち帰りというゲームの前提と仕組みを理解しておかないと、駒を前に進められない。

女性が感動する仕組みを理解し、即日お持ち帰りというゲームの前提を理解した上で、ありふれた男にならないための具体的なテクニックを次のフェーズで伝えていく。男としての希少性を高め、女性からほしいと言われるようになるためのテクニックだ。小難しいところもあると思うが、できるだけ分かりやすく伝えていく。

バカでは女性を持ち帰れない。ヤリチンの世界は論理的なんだ。アポを理詰めで進めてチェックメイトまで持っていけ。

即日お持ち帰り鬼十則

大手広告代理店の電通が、社員の行動規範として掲げている「鬼十則」というものをご存知だろうか。当時の社長が仕事への取り組み姿勢を説いたものだが、この鬼十則があったからこそ、電通が日本を代表する広告代理店にまで成長できたと言っても過言ではないだろう。それほど鬼十則に記してある内容というのは、仕事をする上で大切なことであり真理なのかもしれない。

そこで、僕はこの電通の鬼十則をモチーフに、即日お持ち帰りに特化した形にアレンジして読者に伝えることにした。仕事で必ず押さえておくべきポイントがあるように、お持ち帰りにおいても必ず押さえなければいけないポイントがある。

最低これだけは知っておけば形になると思うものを、10個に凝縮した形で読者にお届けしようと思う。**名付けて即日お持ち帰り鬼十則。**我ながら気に入っている名前だ。秘伝の巻物を読むような感覚で読んでもらえたらとても嬉しい。

1、自分語りをするな

よく女性と話しているときに「過去の面白話」や「仕事のウンチク」「社会的地位」みたいな自分語りをしている男をよく見かける。それは一見、自分の価値を上げるための行為としては正しいように見える。しかし、即日お持ち帰りする上では大いなる間違いを犯している。それだから持ち帰れないしモテないいんだと断言してもいい。

なぜ間違いかというと、**女性が喋る時間を奪ってしまっているからだ。**

女性は自分の話を聞いてほしいんだ。自分の話に共感してほしいんだ。もっと褒めてもらいたいし認めてほしいんだ。決して出会ったばかりでよく知らない男のエピソードを聞いたり、仕事の自慢話やウンチクを聞きに来ているわけではない。求めてもないのに偉そうに自分のことをペラペラと喋り続ける男が女性にとって一番迷惑だし、つまらないし、うんこ以下の人間になっていく。「お前の自己満なんぞに付き合ってる暇はない。お前の価値なんてこっちが勝手に判断するからてめぇはもっと私の話を聞いておけ」というのが女性の本音だろう（多分）。

という僕も、昔は女性の話を聞こうという意識もなく、アピールのために自分語りをしてしまっていた。しかし、どうやったら女性を楽しませられるのかを考えていったときに、「飲み会で楽しいと思うときは自分が喋った時間に比例するのではないか」と仮説を立てた。
そこから聞き役に徹するようになったわけだが、この仮説はドンピシャに当たった。話を聞けば聞くほど女性の自己開示が広がって、二人の間に一体感が増していくのを感じた。その延長線上でホテルや家に持ち帰れることが増えていった。

何度も述べているが、持ち帰る上での大前提として、女性は飲んでいる時点で「この人なら持ち帰られてもいいかどうか」の判断をしている。だからこそ、居酒屋を出た後の誘い文句はさほど重要ではなく、重要なのは飲みが楽しいかどうかだ。その楽しさの最大値を出す施策の一つとして有効的なのが、「女性の喋る時間を増やす」ことなんだ。そのために、僕は「自分語り」をするなと伝えている。

女性の話を聞くためのコツを一つあげるとしたら、共感しながら肯定してあげることだ。例えば、女性が「こういう辛いことがあったんだよね～」と言っていたら「そうなんだ。辛かったんだね」と言ってあげる。「こういう楽しいことがあって～」と言っていたら「そうなんだ。楽しかったんだね」と言ってあげる。こういった小さな共感と肯定を積み重ねていくと、女性はどんどん喋り始め、徐々に心が開いていく。

話す時間の目安としては、アポの時間が2時間だとしたら、女性が1時間半で自分が30分くらいが理想だと思う。最終的に「あれ?私めっちゃ自分のこと話しちゃった・・・普段は初めましての人にこんなに話さないのに・・・もしかして私この人のこと・・・」みたいな言葉を心の中でつぶやいてもらえたらこっちの勝ちだ。「もしかして・・・」のあとの可能性を知りたくて、男の打診に女性はyesと言いたくなる。

飲みの目的がただその場を楽しむことであれば、自分の好きなように喋って飲んで楽しんだほうがいい。しかし、お持ち帰りに特化するのであれば、女性の喋る時間を増やすことに意識を向けたほうがいい。女性の満足度は喋った時間に比例して上がっていく。

自分語りをしてしまっていると感じる男は、女性の話を聞くことに集中しよう。

2、聞き上手よりも引き出し上手になれ

よく聞き上手の男がモテると耳にする。先ほども女性の話を聞いてあげようとアドバイスをした。

しかし、これは半分正解で半分不正解だと僕は思っている。女性の話をただ聞いている

だけでは持ち帰りにおいては物足りない。女性の話を聞いた上で、**女性が話したい話を引き出してあげることが大切なんだ。**

ただ話を聞いているだけだと「インタビュアー」と「回答者」のような形になってしまう。それだとコミュニケーションが一辺倒になってしまい、お互いの一体感が生まれづらくなる。一問一答のような会話なんて面白くないというのは容易に想像できるだろう。女性とのアポはあくまでライブだ。二人で一つのメロディーを奏でるかのように、二人三脚で空間を作りあげなければいけない。

そこで意識すべきなのが、女性の深いところにある本音をどうやって引き出せるかということ。そのために有効的なのが、女性が聞いてほしいことを聞いてあげて、女性が言ってほしいことを言ってあげることだ。

一つの会話から女性の気持ちを想像して、何を聞いてほしいか、言ってほしいかの仮説を立てる。それを投げかけたときに「そうそう！」「そうなんだよね！」のような言葉が女性から返ってきて自分から詳しく話し始めたら、仮説で共感が取れていることの合図だ。その小さな共感が心の奥底にある本音が出てくるきっかけになる。

多くの女性が言葉で言わないことこそ察してほしいと思っているし、心の奥に隠れている心理を深掘りしてほしいと思っている。そこを満たしてあげられると、女性は目の前の男を「分かっている男」と認識して価値が上がっていく。

もう一度言うが、**女性が聞いてほしいことを聞いてあげる。言ってほしいことを言ってあげる。**聞き上手よりも引き出し上手。女性の本音を引き出して分かっている男になれたらゴールは近い。

3、口説く前に惹きつけろ

持ち帰れない男がおちいるパターンで非常に多いのが、女性が食いついてないにもかかわらず、焦って口説こうとしてしまうことだ。

僕も昔は経験人数を増やしたいという欲望から、相手との一体感が作れていない状態で焦って打診しまい、拒絶されたことがたくさんあった。「今日はそろそろ帰る」「明日も早いから」こんな断り文句を何回浴びただろうか。そんな経験を積み重ねて気づいたことが、お持ち帰りには守るべき順序があるということだ。

警戒心を解き、安心感を与え、惹きつけて、打診する。

これが持ち帰るまでの絶対的パターンだ。この順序を守らずに打診、つまり口説きにいってしまうと、女性は男の気持ち悪い下心を察知してガードを強くしてしまう。

多くの女性はよく分からない男に触れられたくないし、触れさせたくもない。「あなたのことなんか知らないし、関心もない。だけど奢ってくれるかもしれないし時間も空いているから暇つぶしに行ってみようかな〜」と思って飲みに来ているくらいだ。この感情をひっくり返さない限り、女性は振り向いてくれない。ちょっと喋って奢ってあげたとしても、女性は「タダ飯食えたラッキー♫」くらいに思ってこちらを見向きもせずに颯爽と帰っていく。

だからこそ、女性をこちら側に惹きつける作業が必要なのだ。警戒心を解き、安心感を与え、惹きつけて、打診するというパターンを徹底して守ること。

そして、この感情の流れに沿っていくことを意識しながら会話も組み立てる必要がある。会話は即興のアートのようなものだから決まったパターンがあるわけではないが、警戒心を解く〜惹きつけるために有効的なのが、先ほど話した「自分語りをしない」「聞き上手よりも引き出し上手になれ」という二つだ。

自分語りをせずに聞く側に回ることで警戒心を解いて安心感を与え、女性が話したいことを引き出してあげることで「分かってくれる男」というポジションを取れて惹きつけられる。僕の場合、この二つをすることで、お持ち帰りまでのある程度の型を作れている。
男の早くヤリたい気持ちはすごく分かるが、そのマグマのようにあふれてくる性欲を一旦抑えて、お持ち帰りまでの感情のフェーズを意識しよう。

焦って口説くな、まず惹きつけろ。

4、本音と建て前を理解しろ

お持ち帰りできない男の特徴に、女性が発した言葉を鵜呑みにしてしまうという点がある。女性に「明日仕事があるから」と言われたら素直に帰らせてしまうし、「今日はそういうつもりで来てない」と言われたらすぐに諦めてしまう。女性の言う通りに従って、駅のホームまできっちり送る男が紳士だと勘違いしているのが非モテ男子なんだ。

しかし、女性には「本音と建て前」というものがある。建て前上はNoでも、本音ではYesの場合がある。持ち帰りたいのであれば、このことを頭に叩き込んでおかないといけない。

女性の発言を安易に信じてはいけないし、疑いの目を持ちながら本音なのか建て前なのか見抜く嗅覚を養っていく必要がある。

「明日仕事があるから」と女性が言ったら「本当に早く帰らないとダメなのか?」「これは建て前で言ってるんじゃないか?」と疑いの目を持つ。「仕事なら早めに切り上げて明日に支障が出ないようにしてあげよう」じゃダメなんだ。一生セックスなんてできっこない。

もし二人の時間が楽しかったらきっと話は変わってくるはずだ。建て前では「明日仕事がある」と言って早く帰らないといけない雰囲気を出しているが、本音では「もうちょっと一緒にいてもいいかな」と思っている。ここに「遅くならない程度に軽くもう一軒行かない?」くらいの言い訳を挟んであげて打診をしたらおそらく通るだろう。

女性には本音と建て前があることを理解し、その間にいい具合の言い訳を挟んで本音を引き出すことが、持ち帰れる男がみんなやっているテクニックだ。

僕も昔は女性に本音と建て前があることを知らずに苦労した。女性が嫌だと言ったらその言葉通りに受け入れて負け続けていた。だけど、徐々にうまくいき始めたときに気づいたんだ。「あれ?女の子ってさっきまで言ってたこととやってること違うこと多くない?」って。

そこで女性には本音と建て前があることに気づき、持ち帰れる確率がグッと上がっていった。

女性の発言は氷山の一角にしか過ぎない。その奥底にある本音を嗅ぎつけ、言い訳を与えて建て前を取り除いていった先に、スケベが待ってる。

5、言い訳を与えろ

先ほど述べたように、女性には本音と建て前がある。この建て前を取り除いて本音を引き出すための方法がある。それが言い訳を与えることだ。

女性は男に持ち帰られたことを正当化する。「終電がなくなったから」「気づいたら」「酔っぱらってたから」「男がイケメンだったから」「寝るだけって言ってたから」「映画を見るって言ってたから」など、少なからず自分の意思で男についていったのに、それを認めない。**「それらしい理由」を探して自分の行動を正当化する。**男からしたらただの言い訳にしか聞こえない。

だったら、「それらしい理由」を作るための言い訳をこちら側が与えてあげればいいというのがヤリチンの考え方だ。

例えば、打診するときに「俺の家に行ってセックスしよう」なんて言ったら、ほとんどの女性は拒否してくるだろう。どれだけ一緒にいて楽しくてムラムラしていても、自分の価値を下げたくないから yes とは言わない。

では、「家でお酒飲みながら映画でも見ない？」という打診に変えたらどうだろうか。間違いなくさっきの打診より通る確率は上がるはずだ。ただ「セックス」を「映画」に変換しただけで、どちらの打診も「家に行く」という意味合いであることは変わらない。

しかし、女性には「映画を見に家に行った」という大義名分ができる。このちょっとした言い訳作りが打診するときにとても大切なんだ。女性もお酒を飲みながら映画を見る＝家に行ってセックスするという意味であることは大体分かる。だけど、本音の部分で相手を気に入っていたらついてくる。

他にも女性に与えられる言い訳はたくさんある。自分なりに作戦を練っていろいろと試してみるといい。**女性はセックスしない理由を思いつくのと同じくらい自分がセックスする理由も思いつく。**

本音と建て前の間に言い訳を挟んであげて、男についていくことを正当化してあげる。

その気遣いこそが、持ち帰り市場における紳士のたしなみなのさ。

6、ジャブを打て

女性を持ち帰るには、会話を工夫することが大切だ。その中でも僕がジャブと呼んでいるテクニックがある。

持ち帰ることをゴールとしたとき、会話の流れもベッドインまでつながるように組んでいく必要がある。そのために、会話の中に特定のトピックをさりげなく仕込んでいくのだが、その仕込みのことをジャブと呼んでいる。ジャブの種類もいろいろあるが、まずは一例として「下ネタ」で説明していきたい。

僕は持ち帰ろうとするとき、会話の中に下ネタを入れることを意識している。下ネタを入れることによって、女性のスケベスイッチをオンにしやすくなるからだ。

例えば、「ワンナイトラブ」についての話題を女性に振ってみたとする。女性によって恥ずかしがったり、あきれたり、引いたり何かしらのリアクションがあるにせよ、「ワンナイトラブ」する瞬間を思い浮かべることになる。脳内にエロいシーンが浮かぶことによって気分がエロの方向に流れて、スケベスイッチが徐々にオンになっていく。アポが終わるころには女性がすっかりその気になっていることがある。そうしたら、お店を出た後も自然な流れで家やホテルに向かう雰囲気ができあがっている。中盤に入れた下ネタが、ボディーブローのように最後のほうに効いてくるわけだ。

下ネタの他にもジャブは有効活用できる。持ち帰る場所にもよるが、お店を出た後のフリになるようなことを会話の中に仕込んでおくこともジャブの一種だ。仮に、2軒目で家に持ち帰ろうとしたとき、居酒屋を出て急に「家に行こう」というのはあまりにも唐突すぎて女性は確実に警戒するだろう。

しかし、会話の中で「映画が好き」みたいなジャブを挟んでおくことによって、後の「家で映画を見よう」という誘い文句への違和感を和らげられる。他にも「料理するのが好き」とか「インテリアに凝ってる」「お酒が余ってる」「家にシーシャがある」とかなんでもいい。**あくまでお店を出てからのワンアクションではなく、会話中から大まかな流れの主導権を握っておくことが大切というわけだ。**ジャブを打っておくことによって、その後の展開を作りやすくなることは間違いない。

なかなか打診が通らないと悩んでいる人は、会話の中にジャブを打つことを意識してみてほしい。

7、性欲を隠せ

女性の前では性欲を出してはいけない。性欲で膨張する金玉を必死に抑えながらアポに向かう必要がある。

女性は男の性欲を敏感に感じる。何度も言っているように、女性は自分の女としての価値を下げたくない。だから、変なヤリモク男に引っかかるわけにはいかないんだ。女性は待ち合わせで会った初めましての瞬間から、男の審査を始めている。もし、やり取りの中で少しでも男の汚い下心を感じたら、もともと構えていたガードをさらに強めてしまう。女性は思っている以上に男の性欲に敏感なんだ。

例えば、合コン中にやたらとテキーラやクライナー、コカボムなどのアルコール度数の高い酒を女性に飲ませようと頑張っている人をたまに見る。その場を男女共に楽しんでいるのであればいいのだが、会話も大して盛り上がっていないのに無理やりゲームやコールに走って酔わせようとしているパターンがある。僕はそんな場面を目にすると、なんとか酔わして持ち帰ろうとする男の汚い性欲を感じる。現場にいる女性なんてもっと感じるだろう。内心ドン引きしているに違いない。結果的に、そういう合コンでうまくいったケースをほとんど見たことがない。

やはり、合コンでもサシ飲みでもうまくいくケースというのは女性の笑顔の量が多い。笑顔は女性が楽しく快適に過ごしていて、自分に興味を持ってくれていることの合図だ。だからこそ、笑顔の量がうまくいくための鍵なのだ。持ち帰れる男はゴールを家かホテルに設定しておいて、そこまでの導線を意識しながら、アポでは性欲を捨てて女性を楽しませることに集中している。それが結果的にお持ち帰りにつながることを彼らは知っているんだ。

持ち帰れない男は今ある性欲を忘れて女性と接すること。できないのであればオナニーして金玉を空にしてからアポに向かうんだ。持ち帰りたいのであれば、セックスを追うのではなく女性の満足度を追え。

能ある鷹は性欲を隠す。この言葉を読者に授けて、この目次を終わることにする。

8、導線を作れ

お持ち帰りに大事な要素として「流れ」がある。スムーズな流れだとうまくいくことが多いし、グダってしまうと失敗することが多い。うまく盛り上がっていたはずなのに、お店を出た後の場所探しで時間を取ってしまい、女性の気持ちが萎えて帰られてしまったなんてケースも過去に多々ある。そこで学んだのが、導線を引くことだ。**基本的にお持ち帰りという行為は、先手先手を打っていかないと負けてしまう。**女性に考える隙も与えないくらいの用意周到さが必要だ。

どこのお店に行って、どんな会話をして、どこのホテルに連れていくかというある程度の流れをアポの前に必ずイメージしておく。そのイメージに乗せるように女性を誘導していく。

では、どういった導線作りが大切なのかというと「気づいたら」という言葉を引き出せる導線だ。先ほど述べたように、女性に言い訳を与えることが持ち帰る上では大切だ。その言い訳の一つとして「気づいたら」という言葉がある。「なんかトントン拍子に事が進んじゃって気づいたら家だったor気づいたらホテルだった」という感覚を女性に抱かせるような導線を引ければ勝率は高まる。

例えば、居酒屋を出た後に何食わぬ顔でホテルの方に向かって歩いていく。このときの1歩目がすごく大事で、迷いなく目的地の方向に足を踏み出すんだ。そのまま普通に会話をしながら目的地まで歩いていく。そして気づいたらホテル街だ。すると女性は「え、ここ？」と戸惑うことだろう。でも「終電まで一緒にいよう」とか「ゆっくりするだけだよ」みたいな適度な言い訳を挟んであげて堂々と中に入っていく。男が堂々とした態度を保っていれば、意外と女性はついてくる。

女性にとって持ち帰られる際の理想的なシナリオとは、「性的な緊張が高まり、ある瞬間にコントロールできなくなってしまう」というもの。つまり、自分の責任ではなく何か目に見えない力によって制御できなくなったということだ。これも一つの言い訳。しかし、実はこちら側があらかじめ引いていた導線に乗せられているというカラクリなんだ。

スタートからゴールまでマジックのように導線を引いて流れをキープし続けよう。女性はあなたと話していると、とても楽しく、心地よく、非日常感さえ感じる。そして会話は流れ続け「どこに行くの？」と聞かれても「こっち」とか適当に言ってごまかしながら前進していき・・・はい到着。女性は君の前で服を脱いでいる。まるでマジシャンみたいにね！

間違っても終盤になってから計画を運任せにしないように。

9、ルーティーンを作れ

お持ち帰りするときは毎回同じルーティーンを繰り返すことが大切だ。

お持ち帰りは言葉よりも姿勢が大事なのだが、同じルーティーンを繰り返すことで、徐々に流れが体に染み込んで堂々といれるようになる。その堂々とする態度が女性にとっては魅力に変わり、お持ち帰りの確率を上げてくれる。

一つ僕のルーティーンを話すと、例えばホテルに持ち帰ろうと思ったときは、まずはホテルまで徒歩１０分圏内のお店を探す。そして、なるべく横並びできるお店を探す。

対面の席でもいいのだが、心理的に横並びのほうが仲良くなりやすい。対面だと目線や細かい体の動作もすべて見られるから難易度が高く感じるし、なんとなく気が散ってしまう。しかし、横並びだと見られる部分も少なくて済むし、目線も合わせる必要がないから心理的ハードルが格段と下がり、女性の話を聞くことに集中しやすい。

そういう意味で自分本来のパフォーマンスが発揮しやすくなるから、僕は横並びのお店を選ぶようにしている。それも、なるべく同じ店を選ぶことで自分のリズムで戦える。ちなみに、男が女性の左側に座ったほうが心理的にいいそうだ。

そして、会話の内容もある程度の型がある。例えば、ワンナイトラブの考え方に対して「付き合っていくには体の相性も重要。だから付き合う前にエッチするのは肯定派なんだ。でも本当にいいと思った人しか誘わないけどね」みたいな感じで伝えると、その後に打診する布石にもなる。

他にもいくつか会話の中で種をまいておいた上で、お店を出た後にその種を回収する何かを伝えながら目的地に何食わぬ顔で歩いていく。

簡単にだが、こんな感じのルーティーンが僕の持ち帰りでは多い。ルーティーンに女性を当てはめていくような感覚だ。同じルーティーンを繰り返していくと、**何食わぬ顔の何食わぬ顔度がどんどん上がっていく。**むしろホテルや家までたどり着かないと違和感さえ感じる。そこまでいったら、ルーティーンがほぼ完成していると言っていいかもしれない。

10、絶対に諦めるな

即日お持ち帰り鬼十則も最後の項目。この最後の項目こそが最重要項目だ。ここが即日お持ち帰りの肝でもある。これまで話した小手先のテクニックは忘れてもいいから、これから伝えることは心のど真ん中に据えてほしい。

絶対に諦めないこと。もう一度言う。**絶対に諦めないこと。**

もうテクニックではなく開き直って根性論だ。女性の服を脱がし、自分のポコチンを女性の性器に挿入するまで、どんな試練があろうとも絶対に諦めず前に進んでいくんだ。

お持ち帰りをしようとすると、ほぼ9割の確率で女性にグダられる。ホテルの前で足を止めてごねられたり、家でいざ服を脱がそうとしたら「そういうつもりで来たんじゃない」と言われたり。女性の「No」が男の前に立ちはだかる瞬間が必ず訪れる。ここまできたら最後はテクニックなんてこざかしいものは通じない。男のメンタル、絶対に持ち帰るという強い意志が試される。

最後は閉まりかけたエレベーターの扉に手を入れて無理やり入り込むくらいの強引さが必要なんだ。女性の少しの抵抗で折れてしまうような男は、雑魚メンタルのヘタレ男かアプローチ能力がないフニャチン野郎と認定されてしまう。そんな軟弱な男に女性が魅力を感じるわけはなく、ブラジャーのホックを外す権利は与えられない。紳士ぶって女性を駅のホームまで見送るが、もう二度とその女性が振り向いてくれることはないだろう。

女性は多くの場合、「もうちょっと強引になってほしい」と心の中で密かに思っているものだ。基本的にイエスマンな子が多いから、多少乗り気じゃなくても雰囲気に流されたり、言葉で押されて折れる。そこを見逃さずにキャッチしていく選球眼を持つことが、持ち帰りには必須のスキルだ。

まずは楽しい空間を作ることに全力を注ぐ。「楽しい」と感じた延長線上にセックスがある。女性を楽しませられない男にセックスという対価はやってこない。即チェンジ。次に行っても即チェンジだ。

セックスを追うじゃなくて女性の満足度を追う。そうすれば自然とセックスはついてくる。最後に「絶対に諦めない」という馬力が必要なわけだ。一番初めに伝えた「男が誘ってあげないと女性はセックスができない」というマインドが最後の最後で試される。

しかし、「絶対に諦めない」という意味合いを「お願いする」「強引に迫る」「脅す」などの意味に捉えないように注意してほしい。あくまで女性を楽しませた上で、最後の一押しとなる言い訳を与えながらエスコートし、拒絶を乗り越える強いメンタリティーで戦うということだ。


最後に勝つ男は最後まで諦めなかった男だ。

Never give up!!! 最後の最後まで絶対に諦めるな!

ブラジャーのホックはもうすでに外れかけている!!!

会話の組み立てがお持ち帰りを制す

お持ち帰りの仕組みと鬼十則を理解したら、次は具体的な会話の組み立て方に入る。

「守破離」という言葉を知っているだろうか。この言葉は、もともと日本の茶道や武道の教えなどで使われており、修行における段階を示したものだ。「守」は師や流派の教えと型を忠実に守る段階。「破」は他の師や流派の教えなども取り入れ、既存の型を破る段階。「離」は一つの師や流派から離れ、独自の新しいものを生み出す段階と言われている。

お持ち帰りにも、これまで説明したマインドやテクニック、女性への理解という点において守らなければいけない型がある。そして、これから話す〝会話〟にも守らなければいけない型がある。

「型がある人間が型を破ると〝型破り〟、型がない人間が型を破ったら〝形無し〟」という言葉があるように、型を学び、守るというのはとても大切なことなんだ。最短でお持ち帰りできるようになるためにも、「守破離」という段階を踏んでいったほうがいい。

これから、モテ界の〝即日お持ち帰り〟という闇の流派の型を伝えていく。前戯は会話から始まっているのだ。

会話の流れは五つの型で構成されている

正直、お持ち帰りするときの会話の流れは毎回ほとんど同じだ。細かい内容は女性によって当然変わるが、大まかな流れはほぼ変わらない。いわゆる型のようなものがある。その型に沿って会話をしていくことで、持ち帰るまでのベースを作れる。

結論から伝えると、次のような流れだ。

アイスブレイク↓仕事↓↑趣味↓恋愛（下ネタ込み）↓打診

この五つの型が持ち帰りにおける会話の型だ。女性と何を話せばいいのか分からないという悩みを持っている人は、この流れに沿って会話を進めてみるといい。この流れで会話を進めたら、そこまで大きく事故ることはないはずだ。

ということで、各型で話す内容を具体的に説明しよう・・・と言いたいところなのだが、その前に理解しておいてほしいことがある。会話が広がる仕組みについてだ。

女性と話す内容は毎回違う。まったく同じ会話になることなんて絶対にない。だからこそ、どんな女性と出会おうともどんな会話の流れになろうとも対応できるようにならないと、お持ち帰りの再現性は上がっていかない。いつまで経っても行き当たりばったりのアポになってしまい、時間もお金も労力も無駄にしてしまう。再現性を高めるためにも、まずは会話が広がる仕組みから理解して基礎を固めることが大切だ。

会話は連想ゲームだ

会話が広がる仕組みを一言で表すと、「連想ゲーム」という言葉が僕は最も近いと思っている。ここでは連想ゲームを**会話中に出てきたキーワードを拾って言葉を変換していく作業と定義する。**

このやり方は、お笑い芸人の千原ジュニアさんがテレビでトークの広げ方を説明している場面からヒントを得た。とあるバラエティー番組に、千原ジュニアさんとゲストの方がお酒を飲みながら雑談する番組がある。その番組内で、このようなやりとりをしていた。

ゲ「ジュニアさんって半端じゃないエピソード出てくるじゃないですか? あれって収録前にネタ考えていくんですか?」

ジ「考えてない!」

ゲ「えーっ！考えられない！全部覚えてるんですか？」

ジ「**そうやなー。例えば名古屋でお酒飲んで串カツ食べてたらこんなことがあったっていう話を誰かがしたとしたら、〝名古屋〟か〝お酒〟か〝串カツ〟かのワードに引っかかる話を次に俺がしてみたいな感じやな**」

この千原ジュニアさんの言葉がまさに連想ゲームだ。一つの文章からキーワードをピックアップして、それに関連することを考える。これを会話の中で繰り返していくと、話がどんどん膨らんでいく。

会話が続いていくのはメカニズムのようなものがあって、会話が得意な人は意識しなくても実践できている。才能みたいなものだ。しかし、会話が苦手な人は会話のメカニズムを理解し、意識的に身につける必要がある。

僕は昔、人見知りを克服するために会話力を上げたかったから、ひたすらバラエティー番組を見ていた時期がある。どのようにお笑い芸人が連想を広げているのかを分析しながら見ていた。一年の3分の1はバラエティー番組を見ていたと思う。すると、潜在意識にパターンが身についてきたのか、徐々に会話に困ることも少なくなっていき、それに比例して人見知りも治っていった。

持ち帰りにおいても、アポでの基本的な会話は連想ゲームで広げている。ここで一つ、女性とのよくある会話で連想ゲームをシミュレーションしてみる。

男「彼氏はいないの？」
女「いないよ」
（連想）いない↓いつからいないのか？
男「そっかー。いつからいないの？」
女「2年前くらいかな」
（連想）2年前↓その間の出会いは？別れた理由は？
男「割と前だね。その間にいい感じの人はいなかったの？」
女「いたけどー。うまくいかなかったかな」
（連想）うまくいかなかった↓理由は？価値観？一緒にいたときの感覚？
男「それはデートしてみて何か違うなーって思った感じ？」
女「そうそう！なんか遊んでみたときに・・・（過去の男に対する愚痴）」
（連想）デートした人と合わなかった↓逆に好きなタイプはどんな人？
男「そっか～。それは男がよくないね。逆に好きなタイプはどんな人なの？」
女「好きなタイプは・・・」
（連想）好きなタイプ↓元カレは好きなタイプだったのか？タイプな人と好きになる人は

同じなのか？違うのか？

簡単にだが、こんな流れで僕は連想しながら会話を広げている。

一つ注意してほしいことが、連想を意識しすぎると質問ばかりになってしまう。そうなると取材のような感じになってしまい、コミュニケーションがとても硬くなる。

会話を広げるきっかけとして質問は必要だが、そこに頼りすぎずに自分が話すことでバランスを調整したり、相づちや共感を増やすなどして楽しい空間を作れるように工夫していこう。

即日お持ち帰り実践編～アポをシュミレーションしてみよう～

話の広げ方を理解した上で、次は具体的な会話の内容に入っていく。先ほど伝えたように、即日お持ち帰りをするときの会話には型がある。

アイスブレイク→仕事⇅趣味→恋愛（下ネタ込み）→打診

この五つの型に当てはめていくことが即日お持ち帰りの基本だ。ただ、ここから先を読み進めていく中で一つ意識してほしいことがある。**「何のためにやっているか」という目的があることだ。**

それぞれの型において女性を「こういう状態にしたい」というゴールがある。そこを意識して読むのと読まないのでは、吸収率に雲泥の差が出てくる。必ず「何のため」を意識して読み進めてほしい。

では、具体的に各々の型を説明するために、アポでの会話をシュミレーションしていこう。

～アポ開始～

一の型　アイスブレイク

アイスブレイクの目的は「**緊張感をほぐす**」ことだ。

意識すべきことは「すべての女性は変な男（ヤリモク男）に引っかかりたくないと思って目の前に座っている」という前提を持つこと。その強力なバリアを解いてあげることがアイスブレイクで行う作業だ。

そのためには、まずこちらから会話をリードしてあげよう。多くの女性は初対面の男と飲むときに「話が弾むかどうか」を心配している。当然、沈黙が続いたら気まずいからだ。その不安要素を潰すために、男性側が会話の主導権を握って女性に気を遣わせないようにする。

会話のネタとしては「自己紹介」「どこに住んでるか？」「仕事終わりか？」「今日何してたか？」「お酒は飲めるか？」「酔ったらどうなるか？」くらいが基本だろう。これらを頭の片隅に置いといて、あとは連想ゲームを駆使して会話を作っていく。女性が「この人なら任せられる」と思えるくらいリラックスさせて、仕事か趣味の話につなげられたらアイスブレイクとしては合格点だ。

設定：出会いはマッチングアプリ。メッセージのやりとりなどはほとんどせず、最低限の日時だけ決めてお店で待ち合わせ。相手が年下であることだけは把握している。

男「初めまして」

女「初めまして」

「遅れてすみません」

「いえいえ！私もさっき来たばかりだったので」

「それなら良かったです！」

席に座る。

「そしたらとりあえず何か頼みますか」

「そうですね」

「僕、最初ビール飲もうと思うんですけど何か決まってますか?」

「そうですねー。私もビールにしようかな」

「じゃあ先にビールだけ頼んでおきますか。すみませーん」

店員を呼んでビールを注文する。

「料理は何にしましょうか。とりあえず僕これとこれとサラダ食べたいんですよね」
※男が8割ほどメニューを決めて、残りは女性に託してあげるといい。少しでも決断力を見せてポイント稼ぎをするためだ。
「あーいいですね!」

「そしたらとりあえずそれと、他に何か食べたいものあったら頼んじゃってください」

「私これ食べたいです!」

「分かりました!ビールが来るタイミングで料理も注文しましょう」

店員さんがビールを運んできたので料理を注文する。

「じゃあとりあえずかんぱーい」

「かんぱーい!」

ビールを一口飲む。

「今日はお休みだったんですか?」

「はい！休みでした」

「何されてたんですか？」

「今日は家でゴロゴロしてましたね（笑）」

「そうなんですね！ネットフリックスとかユーチューブ見ながらみたいな？」

ワンポイント　決めつけ

会話を広げるコツの一つとして「決めつけ」というテクニックを僕はよく使う。

ここでいうと「家でゴロゴロ」というワードから「何か動画でも見ていたのだろうか？」という連想を広げて、「ネットフリックスかユーチューブでも見ながらですか？」という言葉をチョイスした。

「家で何してたんですか？」というシンプルな質問をすることもできたわけだが、これでは単調な質問が3回連続で続いてしまい、対話ではなく取材のような感じになってしまう。そこで、ネットフリックスかユーチューブと決めつけることで、会話が形式ばらないように変化を与えた。

さらに、決めつけたことに対して女性からの肯定や否定がある。その際に新たな情報を手に入れられる。ここで言うと、ネットフリックスやユーチューブを見ていることを否定しなかったら具体的に何を見てるのか聞くこともできるし、否定されたら他に何をしていたのか聞くこともできる。どちらに転んでも新しい話題展開のきっかけになるわけだ。

この決めつけというテクニックはめちゃくちゃ便利だから、ぜひ意識して使ってみてほしい。

~続き~

「いや、今日は友達とランチしてから買い物に付き合って、少しカフェで休んでみたいな感じでした!」

「友達とカフェに行ってたんですね!友達は職場の人とかですか?」

「はい。職場の友達です。部署が同じで同い年だし仲良いんですよね!」

「休日でも職場の人と遊べるって良い関係ですね!ちなみに何のお仕事してるんですか?」

「仕事は人事の仕事してますよ」

「へぇ~。僕、人事の仕事ってなんか難しそうなイメージあるんですよね。人を見極めるのって簡単じゃないだろうな~って思って」

「そうですね~。正直難しいことはよく分からないまま仕事してる感じあります(笑)」

「なるほど(笑)。人事のお仕事されてからもう長いんですか?」

「いや、まだ1年も経ってないくらいです」

「あ、そうなんですね。じゃあ転職されてみたいな?そういえば今年齢っておいくつでしたっけ？」

「私は26です！えーっと・・・お名前って村田さんで良かったですか？」

「はい！村田で大丈夫です！ちなみに年齢は28です。僕もあらためてお名前聞いてもいいですか？」

「私はさつきって言います！」

「さつきさんですね！なんか、あらためてよろしくお願いします（笑）」

「よろしくお願いします（笑）」

ワンポイント　自己紹介は後に回せ

僕はアポで自己紹介をする際、最初にするのではなく話の途中で聞くようにしている。最初に自己紹介をするとお見合いのような感じがして、その後のコミュニケーションが硬くなってしまう気がするからだ。

話の途中に「そういえば・・・」みたいな感じで自己紹介をすると普通に自己紹介するよりも場が和むし、「名前を聞くのも忘れるくらい話しやすい」みたいな雰囲気を作れてお互いの距離感が縮まりやすくなる。

アポ慣れしていない人は教科書通りに自己紹介から会話を始めてしまうこともあると思うが、差別化という意味も込めて、自己紹介を会話の途中で挟んでみてほしい。

〜続き〜

「えーっと、何の話してましたっけ？（笑）」

「人事の話じゃないですか？（笑）」

「あ、そうだそうだ！転職したんですか？って聞こうと思ってたんだ。２６歳で人事の仕事が1年目ってことは転職したんだろうなーって思って」

ワンポイント　敬語を取るタイミング

初対面のアポでは自然な流れで敬語を取ることが意外と重要だ。最初からタメ口だと常識がない人だと思われるリスクがあるし、ずっと敬語だと距離が縮まらない。盛り上がっていないのに急にタメ口になるのも無理やり距離を縮めようとしている感じがして気持ち悪い。僕は敬語を取るタイミングは自己紹介が終わってからか、どこかで話題が盛り上がってきたときにそっと取ることが多い。とくに自己紹介を話の途中でするとと雰囲気が和むから、その勢いで敬語を取ると違和感なくスムーズにいく。

二の型　仕事

仕事の話の目的は「**安心感を与える**」ことだ。

仕事の話の始め方は「〇〇さんは何の仕事してますか？」。これだけでいい。とくに難しいことを考える必要はない。仕事の話を通して相手の話を聞き、ひたすら相槌を打ち話に共感してあげることで、アイスブレイクでほぐれた緊張感を一気に安心感まで持っていく。

そこで、女性の仕事の話を聞くときに意識してほしいことがある。ほとんどの人が仕事に関して何かしらの悩みを持っているということだ。そして、その悩みは大まかに5つに分けられる。

・お金
・人間関係
・労働時間
・将来性
・やりたいことがない

話を聞いていると、最終的にこのどれかの悩みに引っかかることが多い。悩みに関するエピソードを引き出して共感できたら、理解者としてのポジションを取れる。そうなったら仕事の話のノルマはクリアだ。最初に抱いていた警戒心は安心感に変わっているだろう。

〜続き〜

「そうなんですよ〜。それまでは3年くらいアパレルの仕事してたんですけど転職しました」

「アパレルやってたんだ！でも全然違う職業にしたんだね。アパレルの仕事はなんで辞めようと思ったの？」

「いやー働く時間長くてあんまりプライベートの時間取れなかったり、ずっとアパレルやってても将来的にどうかなーって思い始めたんですよね」

「そんなに忙しいんだ。どれくらい働いてたの？」

「10時から21時くらいまで働いてましたよ」

「結構長いね。そこから帰っていろいろやってやっと休めるみたいな感じだよね？」

「そうですね〜」

「それだとほとんど時間ないね。しかも立ち仕事で疲れるだろうし。家帰って寝て仕事行ってみたいな生活になっちゃいそう」

※決め付けを使っている

「そうなんですよ〜。アパレルは好きで始めたんですけど、どんどんつまらなくなっていちゃって」

「そっかー。仕事ばっかしてると自分の人生何なんだろうなーみたいな感じにならない？」

「なりましたなりました！人生についてすごく考えました！」
「だよね！俺も仕事ばかりしてたときあったからすごく分かる。バランスって大事だよね（笑）」
「ほんとバランス大事です（笑）」
「そこからなんで人事の仕事しようと思ったの？」

ワンポイント　共感と傾聴

ここでの会話は女性が転職した話を深掘りしているわけだが、意識すべきことは徹底的に相手の話に耳を傾け、その話に共感してあげることだ。**まるで情熱大陸で密着取材しているかのごとく女性の世界に入っていったほうがいい。**

女性の話に対して意見や否定はせずに「なるほど」「それでどうなったの？」「大変じゃない？」「頑張ってるね」などの言葉で女性の話を受け止めてあげよう。時には女性の気持ちを代弁して肯定してあげよう。話をさえぎってアドバイスしたり、否定したり、面白く切り返したりする必要はない。そんなもの女性は求めていない。話を聞いてくれて、共感してくれて、褒めてくれる男を求めている。

それができれば「この人は話をしっかりと聞いてくれて、私のことを理解してくれそう」と相手に思ってもらえる。そうなれば、普段は人に話さないような悩みや願望を話してもらえて、女性の本質みたいなところにたどり着く。そこまで自己開示が進んでいって初めて警戒が解けて、安心に変わり、期待へとつながっていく。だからこそ、どれだけ深く相手に興味を持って傾聴し、共感できるかが持ち帰る上での鍵となる。

しかし、アポで一番難しいのはここの部分だ。ただ単に女性の話を聞いていてはダメで、**「いつも初対面の人にはあまり話さないのに、この人には何だか話したくなっちゃう！」**とつい思ってしまうくらいまで心を開けてようやく出会った日にお持ち帰りができる。そこまで本音を引っ張りだすのは決して簡単ではない。だからこそ、心と体を女性の話に全集中させる必要がある。

そのためのコツというか僕が意識しているのは、話の中で女性の感情が高まる瞬間を読み取ることだ。というのも、女性の話を聞いていると「もっとこの話をしたい」「もっとこの話を聞いてほしい」というアピールみたいなものを感じる瞬間がある。そこを察して掘っていくと、感情に火がついて一気に心が開いていき、そこからお互いの距離感がグッと縮まる感覚が僕にはある。女性が楽しそうに話していたり、会話を自ら進めていっているときは女性の感情が盛り上がっている合図だ。

そして、実際にやってみると分かるのだが、感情を読み取ろうとするのはかなりの集中力を必要とする。アンテナをMAXで立てていないと感情を察知できない。必然的にそれ以外のことに意識がいかなくなる。すると、不思議なことに自然と聞き上手になっている。話をさえぎって自分の意見を言うこともなくなるし、相手に「この人あんまり話聞かない」などの不快感を与えることもなくなる。内容よりも感情にフォーカスしてコミュニケーションを取ることは非常にオススメだ。


〜続き〜

相手の仕事の話がひと段落する。

「村田さんはどんな仕事してるんですか？」

「俺は出版関係の仕事をしてるよ。本の編集者が一番分かりやすいかな」

「えー本の編集なんてできるのすごいですね！」

「まぁそうなのかな？」

「すごいですよ〜！本作るのって難しくないんですか？」

「作るだけだったら難しくはないんだけど、売れるような本を作るのが難しいって感じかな。けどやってて楽しいし、ベストセラーになる本を作りたいって目標もあるから大変でも頑張れる」

ワンポイント　仕事の楽しさと目標をセットで話せ

自分の仕事の話をするときは、決して愚痴などは言わず、仕事が好きでやりがいを持っていることをアピールするべきだ。女性は少なからず「仕事が好きで頑張っている男」「目標や夢のある男」に尊敬の気持ちを抱き、魅力を感じる。

そもそも仕事を楽しめていない、頑張っていないというのは暗に経済力の低さを露呈しているようなものだ。女性は本能的に目の前の男が自分の身を守ってくれるかどうかを判断しているわけだから、経済力がない男というのはその分、魅力も弱まっていく。

もし、今やっている仕事で話すことがないという人は、まずは自分が夢中になれる何かを見つけることから始めてみよう。そこを磨くことがモテの核の部分になるし、その過程でストーリーができて人間的な面白さや深みにつながっていく。自分のやっていることに楽しさや誇りを持てるようになると、女性の見る目が変わってくる。

三の型　趣味

趣味の話の目的は「**一体感を作る**」ことだ。趣味の話は相手を深く理解するための一つのツールだ。趣味の話を通じてお互いをより理解し合うことで、より深く関係性を築けて一体感が生まれる。

趣味の話を聞くときは、「休みの日とか何してるの?」と聞くことをオススメする。「趣味は何ですか？」と聞いたらお見合いみたいだし、会話に困って定型文を投げてくるコミュ障感丸出しで気持ち悪い。

休みの日の過ごし方を聞けばだいたい趣味に近いような答えが返ってくる。趣味は言い換えると〝好きなこと〟だ。人は自分の好きなことについて話すのは楽しい。だから、相手の好きなことに興味を持ってどんどん質問していき、女性の喋る時間を増やしていこう。その時間に比例して満足度も上がって安心感がさらに増していくし、女性に「自分の世界観を理解してくれた」と思ってもらえたら、それは一つの共通点に変わり一体感が生まれるきっかけになる。


〜続き〜

「仕事を楽しめてるってすごいいいですね！私もそう言えるようになりたい（笑）」

「俺はたまたま面白い仕事に巡り合えたからラッキーなだけだよ」

「そうなんですかね〜」

「てかさつきちゃん休みの日とかは何してるの？」

「休みの日か〜。家で海外ドラマ見たりかな。でも友達とご飯食べに行ったりすることが多いですね」

「そっかそっか！どこらへんでご飯食べることが多い？」

「新宿とかが多いです。住んでる場所的に都合がいいので」

「新宿なんだ！新宿だったらお店たくさんあるしね。あんまりお店選びとか困らなそう」

「でもお店ありすぎてどこ選べばいいか分からなくなりますよ～」

「新宿だったらこの前行った○○っていうお店良かったよ！料理も美味しいし内装もいい感じだからめっちゃオススメ！」

「そこ行ったことない！」

「女性会みたいな感じで使ってる人もいたよ！」

「そうなんですね！今度行ってみよ～。村田さんってご飯とか詳しいんですか？」

「割とね！まぁそこまで詳しいってわけじゃないけどお酒飲みながら人と話すの好きだからよく行くくらいの感じかな。さつきちゃんは？」

「私も好きです！最近は家の近くのお店開拓するのハマってるんですよね」

「新しいお店探すの面白いよね！一番最近はどこ行った？」

ワンポイント　女性ウケする趣味を磨け

趣味の話を通して一体感を作るには、お互いに共通の趣味があると理想的だ。しかし、趣味が合うなんて運次第だと思う人もいるだろう。たしかにその通りだ。百発百中で当たることはない。しかし、趣味が合う確率を高めることはできる。

そのためには女性の日々の生活をなぞってみるといい。例として、9～17時で週5働くOLの生活ルーティーンを考えてみよう。まずは朝決まった時間に起きて、出勤して仕事をして、ランチを食べて、また仕事をする。仕事が終わったら何かしらのSNSを見て、夕飯を食べて、お風呂に入ってからユーチューブやネットフリックスを見て就寝する。

休日は友達と買い物に行くか飲みに行くか旅行に行っているか、家でまたダラダラとSNSを見続ける。そしてまた決まった時間に起きて・・・みたいな生活を送っていることだろう。

このルーティーンからキーワードを抽出してみると「動画」「飯」「買い物」「旅行」だ。つまり、このどれかに当てはまる趣味を持っていたら女性と話が合う確率は高まる。とくに「飯」に詳しければ強い。「美味しいご飯」を食べたいという欲求はほとんどの人が持っているし、だいたい話も盛り上がる。さらに、次のデートを誘う理由も作りやすい。

他にも海外ドラマに詳しかったり、美容に詳しかったらネタとしては強い。女性の関心が高いと思われる事柄について勉強することも、お持ち帰りする上では必要な努力だ。

四の型　恋愛

恋愛話をする目的は「**友達フォルダから外れる**」ためだ。

これまでアイスブレイク、仕事、趣味の話を通して主に警戒心を解き、安心感を与える作業をしてきた。ここまでの流れをしっかりと行えたら、警戒心は完全に解けて、安心から期待に変わっているだろう。「初対面の怪しい男」から「友達になれそうな人」くらいにはランクアップしているはずだ。しかし、俺たちヤリチンにとって「友達」なんて肩書はいらない。「優しい」なんて評価はいらない。あくまで「一夜を共に過ごしてもいい人」というフォルダに入ることを目指している。

ここからは異性として意識してもらい「恋愛フォルダ」に入るためのトークを組み立てていく。

〜続き〜

「ちなみに飲みに行った先で出会いとかあったりする？」

「ないですないです！」

「いや、よく飲み行くならそこで声かけられたりするのかな〜と思って」

「しないですよ〜。全然出会いもないので、アプリを使ったほうが出会いあるかな〜と思って最近始めてみたって感じです」

「そうなんだ！アプリは俺以外に何人か会った？」

「2人くらい会いましたね」

「その中でいい感じになった人はいた？」

「いや、ご飯食べるくらいで終わっちゃいました」

「そっかー。それはさつきちゃんがタイプじゃなかったとか？あ、ちなみにさつきちゃんはどんな人がタイプなの？」

「えーっと、タイプは・・・（タイプの男性を説明する）」

「なるほどね～。昔付き合った人はタイプだった感じ？」

「いや、それが全然タイプとかではなかったんですよ！」

「そうなんだ！そしたらなんで付き合ったの？」

「えーっと、それは・・・（過去を振り返る）」

ワンポイント　過去の恋愛を振り返れ

お持ち帰りにおいて、過去の恋愛話を女性に振り返ってもらうのはマストの作業だ。女性を即日でお持ち帰りするというのは一夜限りの恋愛をするようなものだ。恋愛話を掘り下げていくと、恋愛をしていたころの感情や記憶が蘇ってきて当時のロマンティックな気持ちを思い出す。人間の脳みそは因果関係を正しく理解できないから、過去の男を思い出したドキドキだとしても、目の前の男にドキドキしていると錯覚してしまう。そうなれば打診が通りやすくなり、持ち帰れる確率も上がる。

そして、恋愛遍歴を聞き出すと、相手の好きなタイプを聞き出せる。これは言わばカンニングみたいなものだ。相手の好きなタイプが聞ければすべてが一致しなくとも、どこかしらで自分を寄せていける。少しでも勝率が上がることはやったほうがいいんだ。

~続き~

「そっかそっか~。その彼氏とはいつまで付き合ってた?」

「確か一年半前くらいかな」

「一年半前かー。割と前だね。そしたらさ、彼氏いない間にキスとかもまったくしてないの?」

「それはー・・・えーっと・・・」

「ありそう(笑)」

「まぁ・・・(笑)」

「そりゃ男女だしあるよね!ワンナイト的な?」

「急にぶっちゃけますね(笑)」

「聞きたいなーと思って。引いた?」

「いや引いてないですよ~」

「まぁ俺もそういうのないわけではないからさ。ちなみにそのときはどういう流れだったの？」

ワンポイント　下ネタを入れろ

即日お持ち帰りをするなら、ジェットコースターの滑走路を駆け上がるように女性のセックスするモチベーションを上げていく必要がある。

そのブースターとなるのが下ネタだ。即日お持ち帰り鬼十則でも述べたが、下ネタを話すことで男性のイチモツやプレイが脳内で再生されることになる。そうなると、性のスイッチが入りやすくなり持ち帰りへの布石になる。

コツは女性に過去のエピソードを自分の言葉でなぞらせることだ。ストーリー仕立てで話してもらったほうが当時の記憶を五感で思い出せる。

まるで梅干しを見ると食べる前に酸っぱさを感じるかのように、話しているだけでムラムラしてくるはずだ。

過度な下ネタを聞くとモラルのない男だと思われてナシ判定されてしまうから加減は必要だが、過去のワンナイトの有無くらいであればほぼ許される。ほどよいさじ加減の下ネタを会話の中に差し込むことが大切だ。

〜続き〜

「面白っ！なんか勉強になるわ」

「勉強しないでください（笑）」

「でも体の相性も付き合っていくには大事だしね。事前に確かめる意味でも付き合う前にするのは変なことでもないと思う」

「うーん。そうなんですかねぇ」

「そうじゃない？俺は付き合ってからじゃないと絶対にしない！って言われるとちょっと重いなーって感じちゃうけど」

「そうなのかなぁ・・・」

「前好きだった子も付き合ってないときにヤっちゃったけど、その後めっちゃ好きになったし」

「そうなんですか？」

「うん。めっちゃ好きだった（笑）」

ワンポイント　貞操観念を崩せ

貞操観念とは一言でいうと、「異性関係について純潔を守ろうとする考え方」のことだ。

男女共にほとんどの人が「付き合う前や初対面でセックスしてはいけない」という考えを

持っている。あるいはそういうフリをする。たとえ過去にそういう経験があったとしても、何かしらの言い訳を作り貞操観念の初期設定を守ろうとする。

その設定を会話の中で崩すんだ。崩すためには、それらしい理由付けが必要だ。先ほど述べたように「たとえ付き合う前でも初対面でもセックスするのはあり。なぜなら〜」みたいな流れで、それらしい理由を添えながら女性の貞操観念を上書きしていく。女性に「確かにそういう考えもあるかも・・・」と少しでも思ってもらえたらこっちのものだ。元々持っていた貞操観念は崩れ、後の打診が圧倒的にしやすくなるし、通る確率も上がる。

ただ、体の相性トークをするときは強く主張せずに、サラッと一歩引いて振る舞うのがベストだ。ここの部分を強調しすぎると、ヤリモク確定みたいな感じになってしまい終わるパターンがあるからだ。あくまでも「付き合う前に体の相性を確かめることは大事だけど、絶対的な優先事項ではなく価値観の一つとして持ってる」くらいのニュアンスで話すのがちょうどいい。そこで、セックスした後に付き合った経験談や付き合った後にセックスして相性が合わずに別れた経験談などがあれば、説得力が増してより貞操観念を崩しやすくなる。

だから、「ワンナイトをするチャラい男」と見られるのを恐れずに、当たり前のようにワンナイトをする男だと伝えよう。それらしい理由とセットでね。

〜続き〜

「でも男はいいと思った人しか誘わないと思うよ。その点さつきちゃんなら誘われて当然だと思う」

「そんなことないですって！」

「俺はそう思うけどな〜。さつきちゃんって可愛いと綺麗だったらどっちがよく言われる？」

ワンポイント　褒め方を工夫しろ

人は認められたい生き物で、自己肯定感を得たい生き物だ。褒めることがうまい男は例外なくモテる。ここでは「可愛いと綺麗だったらどっちがよく言われる？」という部分が褒めの部分だが、この言葉の裏には「私はあなたの見た目がいいと思ってます」という意味が込められている。直接的に言うと下心が出過ぎてしまうから、伝え方を遠回しにすることがポイントだ。そして「可愛い」「綺麗」と言われて嫌な気分になる女性はいない。どっちに転んでも加点できるわけだ。さらに、質問の形になっているので会話が広がっていく。相手のイメージ（プラスの）＋質問はよく会話で使われているテクニックなので覚えておいてほしい。

しかし、ただ単に褒めればいいというわけでもない。ほとんどの男は、目の前の女性がいつも褒められている部分を褒めがちだ。例えば、天然っぽい子に「天然っぽいね」、レベルの高い女性に「可愛いね」「綺麗だね」「スタイルがいいね」と言ったとしても、それは多くの男から言われているから差別化ができず、相手の印象に残ることはできない。むしろ、その他大勢の男と同じだと判断されてしまい、減点されてしまう可能性もある。というわけで、褒めるにも工夫が必要なんだ。そこで、褒める際に僕が工夫している点をここでいくつか紹介しておく。

・逆を褒める

容姿にしろ性格にしろ、普段褒められ慣れていない部分を褒められると、その言葉の意味を理解しようとするため印象に残る。そして、人の本質というのは表面上で得られる情報とは逆にあることが多い。

ノリのいい子がいたら「ノリいい感じだけど、実はしっかり考えながら周り見てそうだよね」と言ってみる。可愛くてふわふわしてそうな女性には「見た目はフワッとしてるけど、話聞く限りしっかりしてそうだよね」と言ってみる。綺麗で強そうな女性には「クールに見えるけど意外と繊細そうだよね」と言ってみる。

さらに、その子が短所だと思っていることやコンプレックスに思っていることをプラスに変換してあげることも有効だ。「物事をネガティブに考えちゃう」という女性がいたら「だからこそいろんなことに気づけるんじゃない？」みたいにプラスの意味に変換してあげるんだ。

すると「この人はちゃんと中身まで理解してくれている」「この人は他の人と何かが違う」と周りの男と差別化できて信頼してくれるようになる。男女に限らず、人間は本質を突かれるとグッとくるし、心の奥底で思っていることに気づいてくれる人間に対して心を許すものだ。

・物や決断を褒める

褒めることに慣れていないうちは、相手の容姿や内面よりも身につけているものを褒めるといい。外見や内面はコンプレックスを抱えていることも多いため、変に触れてしまうと怒りを買ってしまうこともあるからだ。褒め方がよく分からないうちは相手の身につけているものや選んだ決断を褒めると失敗することも少なくなる。身につけているものは大抵良かれと思って買ったお気に入りのものだ。

「それ選べるセンスめっちゃいいなって思う」

「アクセサリー似合ってるよね」

「ネイルとか細かいところまで気遣っててすごいなって思う」

こんな感じでその物を選択したセンスを褒めたり、シンプルに似合っていることを伝えよう。

・特別感を出す

女性は本能で特別感が欲しいと思っている。そこで、褒めを使って特別感を演出してあげるといい。

「どうでもいい子にはこんなことしないからさ」

「不思議な魅力があるよね」

「なんか○○ちゃんと話してると落ち着くわ」

このように〝あなただから〟というニュアンスで言葉を選んでいくと、〝他の子と君は違う〟という意味を与えられて特別感につながる。言葉の裏の意味を読み取る癖をつけて、「あなたは僕にとって特別な存在なんだよ」ということを直接的な言葉で言わずとも伝わるテクニックを身につけよう。

以上の3点がオススメの褒め方だ。大人になるにつれて、他人から褒められることは基本的に減っていく。だからこそ、誰しも褒められることは単純に嬉しいので、上手に褒められるようになるだけで他者と差別化できてモテに近づいていく。日常から人のいいところを探す練習をしていこう。


〜続き〜

「村田さんは今彼女いないんですか?」

「今はいないね〜」

「どれくらいいないんですか?」

「多分3年くらいじゃない?」

「村田さんも結構いないんですね」

「そうだね〜。なんだかんだ理想があるからかな」

「理想高いんですか?」

「まぁそうだねー。自分の大切な時間を通して付き合っていくわけだから自分が本当にいいなって思える女性と付き合いたいじゃん?そうなると理想も上がっていくかな」

「たしかに・・・」

「でも理想ばかり高くても自分がそれに見合った男じゃないと付き合えないから、男として努力しないとなっていうのはあるかな」

「なるほど。年齢的に結婚とか考えたりしないんですか？」
「それはまったくないかな。だって年齢や結婚を考えて付き合うって本末転倒じゃん。好きだから付き合うし、結婚したいって思うわけだから順序が逆だと思うんだよね。だからまったく年齢とか結婚は気にしてない。それで結婚できなかったらしょうがないかなって感じ」
「へぇ〜。なんか変わってますね〜」
「そうかな？　まぁちょっと変わってるかもね」

ワンポイント　自分の哲学を持て

世の中の普通や常識に流されずに自分の哲学を持つことは、とても重要だ。独自の考えを示すことで他の男と差別化を図れて、オスとしての価値を上げることにつながる。

加えて、自分がいいなと思った女性としか付き合ってこなかったというスタンスを見せることも大切だ。自分が選ばれる立場にいる男ではなく、選ぶ立場にいるような意識を女性に与えることで、女性との立場が逆転していき、こちら側の要求が通りやすくなる。

女性というのは、多くの女性やレベルの高い女性に求められている男にこそ魅力を感じるものだ。それが伝わりやすいストーリーを考える、また作っていくこともモテるために必要な努力だ。

ただし、アピールは必ず「自然」に行うこと。「俺はモテてきた」と直接アピールしても自慢にしか聞こえないので気持ち悪い。女性の心は動かない。これに加えて、これまでの女性関係の話をするときも、相手に問題があったという伝え方は禁物だ。これまでの女性にもリスペクトを持ち、自分が成長させてもらうきっかけだったというようなニュアンスで自分の恋愛観を伝えていこう。

五の型　打診

そろそろアポも終盤だ。ここまで来たら勝負は9割決まっている。警戒→安心→期待のフェーズが高まったところで最後の仕上げだ。神は細部に宿る。丁寧にいこう。

打診の型で意識すべきことは「**言い訳を潰す**」ことだ。こちら側の打診を断る理由を作らせないような流れを作ることが大切だ。そして、女性が男の打診を断るときの理由は大体決まっている。

- 終電がある
- ホテル or 家に行くなら帰る
- そういうつもりで来てない
- ワンナイトはしない

・付き合ってからじゃないとしない

おおよそここらへんの理由でグダられる。その理由を潰すために会話の中でもジャブを打ったり、誘い文句を工夫することを覚えておいてくれ。

〜続き〜
「ちょっとお手洗い行ってくるね。さつきちゃんは大丈夫？」
「私も後で行きます」

ワンポイント　お手洗い中に会計を済ませろ

お会計は女性がトイレに行っている間に済ませよう。スマートさを与えられて、ポイントの加点につながる。そしてお金についてだが、僕は基本的に奢ってあげるくらいの気持ちでいたほうがいいと思っている。それは相手に「貸し」を作るためだ。相手に「貸し」を作ってしまえば、後で打診したときに「さっき奢ってもらったし断りづらいなぁ」みたいな女性が断りにくい状況を作れる。その断りづらさを最大化するために奢ってあげたほうがいいと僕は思っている。

ただ、究極は女性が全額払ったとしても打診が断られないくらい希少価値のある男になることが本質だから、そこは頭に入れておいてくれ。というか、女性に奢ってあげるくらいのカッコもつけられないようだったら、女遊びなんてする権利はないと僕は思う。

~続き~

女性がトイレから帰ってくる。

「そろそろお店出ようか」

「そうですね」

「この後どうする？まだ時間ある？」

「はい！ありますよ！」

「じゃあ一旦出ようか」

ワンポイント　連れ出し文句で逃げ道を塞げ

ここは細かいところだが、外に連れ出すときに「もう1軒行こうか」と言ってしまう人もいると思う。しかし、それはやめたほうがいい。「2軒目に行く」=「飲食店」というニュアンスを女性に与えてしまう。そうなると、ホテルや家に連れていこうとしたら「ここにくるつもりはない」という強い反発材料を与えてしまう。

そこで有効なのが「一旦出ようか」だ。次にどこに行くかが漠然としているため、いざ反発しようとしてもその反発が弱くなる。そうなると、最後の一押しで押しやすくなる。「ここまで着いてきてしまったし中に入るだけ入るしかないか」という言い訳を与えられる。だから、次に行く場所を匂わすような伝え方はせず、ニュアンスが漠然としている誘い文句を外に出る際には使おう。

そして、アポは1時間〜2時間くらいの盛り上がり切る前に終わらせるのが鉄則だ。3時間も4時間もいるとお互いテンションが下がってきて、雰囲気がダレ始める。「もう疲れてきたし帰りたいなー」となってしまう。そうなる前に切り上げる。「少し物足りない」くらいの時点で切り上げて勝ち逃げするんだ。

〜続き〜

「分かりました！」

「よし！じゃあ行こうか」

「お会計は？」

「もう済ませといたから大丈夫だよ」

「えっ！？それは申し訳ないですよ〜。いくらでした？」

「全然大丈夫だよ！めっちゃ楽しかったしごちそうさせて」

「ごめんなさい〜。ありがとうございます！」

お店を出る。ホテルの方向に向かう。

「てかコンビニでお酒買う感じでいい?」

「えっ・・・そういう感じですか?」

「うーん。そっちのほうがさつきちゃんとゆっくり話せるし」

「うーん。でも初めて会ったばかりだから二人っきりはちょっと・・・」

「ん?二人で話すだけだよ!なんか変なこと考えてない?(笑)」

「別に考えてないです!というかいつもそうやって言ってるんですか?」
※グダりながらも足取りは変わらずついてくる。
「いつもは言わないよ!話してて楽しいなと思った子に言うときはあるけど」

「いや、でも~」

「まぁとりあえず一杯だけ買って軽く飲もうか」

コンビニに入って酒を買う。

「え~本当に行くんですか~?」

「うん。終電前には出るようにしよ」

「え~」


無事にホテルイン!!!

ワンポイント　女性の行動を見ろ

いざ打診をすると女性は必ずグダる。しかし、そのグダは拒絶ではなく試験だ。男の本気度を確かめているのだ。しかし、最初のうちはグダが女性の試験か本当に嫌がっているのか見分けがつかないと思う。

そこで見るべきポイントは女性の行動だ。**口では嫌々言いながらもついてきたら、それはOKサインだ。**本当に嫌ならすぐに足を止めて駅の方に向かっている。そこで適度な言い訳を挟んであげることで女性はついてきやすくなる。「コンビニでお酒買おう」「ゆっくり話せるし」「終電前には帰ろう」みたいな言い訳を与えて、男についていった理由を正当化してあげるんだ。後日「一杯だけ飲んで出るつもりが男の押しに負けてヤっちゃった」という逃げ道を女性に差しあげるんだ。

もし下手に反発してしまうと、女性はより強く反発してくる。だから、ホテルに向かう途中に「私そういうところはいかないよ？」と言われたら「そうだよね。行かないよね」と言いながら足は止めない。服を脱がしているときに「ダメだよ」と言われたら「うん、そうだね。やめないとね」と言いながら服を脱がせ続けるみたいなかわす意識は持っておいたほうがいい。

グダられたときは試されていると思ってひるまずに堂々としていれば、ほとんどの問題は解決する。

女性の言葉ではなく行動で判断し、言い訳を与えて突き進んでいけ。その歩んだ道が俺たちのヴィクトリーロードだ！

補足

これまで伝えたことをしっかりと実践できたら、持ち帰れる確率は相当上がっているだろう。しかし、最後に注意点として伝えておきたいことが2つある。

聞かれてもいないのに答えるな。すべてを出し切るな。

この2点だ。知識がつくといろいろ試してみたくなり、ついつい聞かれてもないのに自分のトークをしてしまうケースがある。それでは女性の食いつきは上がらない。あくまで女性を会話の中心にし、女性がその空間を楽しいと感じることでようやくこちらのトークが刺さるようになる。だから、聞かれてもいないことには答えないことを意識してほしい。

その上で聞かれたことには答えるわけだが、一回のアポで自分のすべては出し切らず、小出しにしていったほうが魅力は増す。質問されてもはぐらかして、少しミステリアスな部分を残しておくことも大切だ。

例えば、元カノの話をするときなどもペラペラと喋りすぎず「まぁいろいろあって」みたいに軽く流すような感じだ。キャンキャン吠える犬よりもドシッと構えている犬のほうがオーラを感じる。男も同じだ。あまりペラペラ喋りすぎないほうがいい。

聞かれていないことには答えない。聞かれても答え切らない。

この2点を最後に読者に伝えて、テクニック編の幕を閉じることにする。

第4章

質問コーナー

第4章では、お持ち帰りによくある悩みを質問形式でいくつか回答していく。お持ち帰りができない人の悩みはほとんど同じことが多い。誰しもが似たようなケースでつまづいているんだ。

ここまで堅苦しい説明だったと思うが、質問形式であれば読者も場面が想像しやすくなり、お持ち帰りのノウハウを吸収しやすくなるんじゃないかと思いこの形にした。居酒屋で僕に悩みを相談をしているくらいのラフな感覚で読み進めていってほしい。他にも悩みがあったら僕のSNSで答えるから、遠慮せずにメッセージを送ってきてくれ！

【Instagram、Twitter（X）】 mk_hitomishiri

【YouTube】 人見知りはどう生きてるかっ！

飲みに行ってから持ち帰るまでの誘い文句はありますか？

これに関してはとくに決まった定型文はないっていうのが答えかな。シチュエーションに適した言葉を選択していくしかない。

僕も昔はこれを言ったら持ち帰れるみたいなキラーフレーズがあると思っていたけど、そんな必殺技は存在しなかった。ホテルでも家でも誘うのに大事なのはあくまで1軒目での満足度だ。ここのポイントを上げておかないと、その後に何を言っても通らない。だから、誘い文句っていうのは大して重要じゃない。ぶっちゃけ「家でもいい？」「ホテルでもいい？」と言っていることも多い。強いて言うなら「コンビニでお酒買っていこ」が比率的には多いくらい。こんな直接的な打診でも通るくらいに女性を楽しませることが即日お持ち帰りでは大事なんだ。

女性と会話するための練習方法はありますか？

結論から言うと「練習などいらない」。

練習しなければいけないと思っている理由はただ1つ、失敗することが怖いからだ。何も経験がない状態でアポに行けば何回か失敗すると思うけど、それは失敗すればいい。場数を踏めば徐々に女性との接し方にも失敗することにも慣れてくる。女性との会話力は現場でしか磨けない

僕も女性慣れするために何度相席屋に通ったことか分からない。海外に1年間留学できるくらいのお金は使っただろう。僕は英語力と引き換えに即日力を手に入れた。

そして、うまくいくことよりも負けに慣れることのほうが大事だと個人的に思っている。場数を踏んでいくうちにスキルが上達していくのはもちろんなんだけど、何度も女性と会っていくことで「自分次第で出会いっていくらでもあるんだな」と思えるようになる。その考えになれば、1回や2回の負けを引きずらなくなる。すると、どんどん行動していけるようになり、その分ノウハウも貯まっていき、いずれ女性をお持ち帰りできるようになる。

まとめると、練習なんてない。すべてのアポが本番だ。

抱く女性のハードルはどう決めればいいですか？

それは目的による。笑い話を作ることや経験人数を増やすことが目的なら、ハードルを下げて持ち帰ればいい。でも、真剣に彼女を作りたいんだったらハードルは下げるべきで

はない。

よく彼女と持ち帰る女性のハードルを一緒にしないといけない、持ち帰ってしまったら彼女にしないといけないという考え方を持ってる人がいるんだけど、そんなことは絶対にない。

人間だって所詮は動物の一種で、セックスすることが神様に与えられた義務なんだ。男であれば女性に射精をして遺伝子を残すという動物的役割があるんだ。だから本来、ハードルなんて関係なくヤリたければヤレばいいんだ。

とは言っても僕たちは人間が作った社会に生きていて、付き合ったら「他の女性とはセックスしちゃいけない」という謎のルールに縛られて生きていくわけだから、彼女のハードルは絶対に下げないほうがいい。

よく彼女がいない人に対して「理想が高いんじゃない？」という人がいるけれど、僕は「付き合う人の理想を下げて何がいいの？」と思ってしまう。妥協した人と一緒に過ごして一体何か楽しいことがあるのだろうか？ずっと心のどこかで「もっと良い人がいたらなぁ」と思いながら過ごしていくのではないだろうか？本質的には彼女がいること＝幸せではなく、好きな人といること＝幸せなはずなのに、なぜか前者の感覚でいる人が多いから不思議だ。

しかも、理想を高く持たないと自分磨きをしようとしなくなる。男として堕落していく。

「こんな人と付き合いたいなぁ」と思っても相手にされないから「どうせ無理」と諦めるしかなく、今の自分のレベルで付き合える人を探すしかなくなる。これもはたして幸せなのだろうか。

そこから妥協する癖がついてしまい、人生全体を妥協していくことにもつながっていくと僕は思う。理想を追い求めていく中で、「なんかこの人といると落ち着くなぁ」と感じて理想と違う人と付き合うのはすごく分かる。

とにかく付き合う女性と抱く女性は全然違う。しかも、抱く女性のハードルなんて自分で決められるものではない、相手が決めることだ。男は女性を楽しませることしか考えなくていいんだ。

家ではどういうことをして緊張をほぐしますか？

基本的には何もしない。前提として、家に来たときはすでに緊張感はほぐれてリラックスした状態だから、特別に何かすることはない。緊張をほぐすというよりは段々とそういう雰囲気にしていく感覚。スケベをする前のなんとなくの一体感みたいなのがあって、それは経験していかないと分かりづらい。

でも、二人でご飯を食べて家に来るっていうのは、いくつかの難関は突破してるわけだから、あとは細かいことを考えすぎずに自信を持って攻めろっていうのが結論かな。

二人でお酒を飲んで会話しながら肩を寄せるくらいの軽いスキンシップをすれば、自然とそういう雰囲気になっている。どうしても「そういう雰囲気」とか「一体感」とか抽象的な言葉を使うことになってしまうけど、その感覚は現場で養ってくれ。答えは現場に落ちている。

ボディータッチはしますか?

ボディータッチはしない。よく「どのタイミングでボディータッチしますか?」って聞かれるんだけど、ほとんどやらない。

おそらくこの質問をする人は、ボディータッチをすることで女性のスケベスイッチがオンになると考えてると思うんだ。僕はまったくそう思っていないから、ほとんどボディータッチはしない。女性のムラムラは安心感の先にしかないわけで、安心感を与えることとボディータッチをすることがイコールで結びつかないと思っている。そもそも会って間もない男に急に触られたりしたら女性はきっと嫌がるだろう。ボディータッチなんてしなくても、丁寧に女性の話を聞いてあげるほうがよっぽどお持ち帰りにつながる。

女性が彼氏持ちだったらどうすればいいですか？

この考えを持っている人は基本的に真面目なんだよね。女性は付き合ったら浮気なんてしないだろうし、彼氏を大切にすると思っている。でも、女性も平気で浮気をするんだ。だから、出会った人が彼氏持ちだとしてもあんまり関係ない。

僕がまだ童貞だったころとか遊び慣れてないころは、男は本能的に浮気する生き物、女性は浮気しない生き物だと思ってたけど、女性も平気で浮気する。彼氏に不満があったり寂しくなったりすると浮気する。そして「浮気してない」とか「あれは浮気じゃない」とか普通に言う。それが良い悪いとかじゃなくてそういうものなんだ。

話を戻すと、そもそも彼氏がいるのに他の男と飲みに来ているということは、何かしらの理由があるわけだ。突破口はある。その突破口を開くためには彼氏をひたすら褒め続ければいい。

それは彼氏への不満を気づかせてあげるためだ。褒め続けることで彼氏のいいところを上げていくと、いずれ全部出し尽くしてしまう。そうすると、次は不満が吹き出てくる。

そこを女性自身の言葉で言語化してもらう。不満を自分の口から喋ることで、相手の中で彼氏の価値が下がっていく。そうなると、市場価値に逆転が起きる。そこに適度な言い訳を挟んであげれば女性はついてきやすくなる。

出会った女性に彼氏がいても、まったく諦めなくていい。

付き合う前にヤるのはありですか？

これは人にもよるけれど、僕は付き合う前にヤッたほうがいいと思う。付き合い続けていくには体の相性もとても重要な要素だ。それを把握せずに感情だけで付き合おうとするのは、かなりギャンブルな行為だなと個人的に思う。試着せずに服を買うような感覚だ。もし体の相性が合わなければ、その不満を埋めるためにいずれ浮気するだろう。そうなったほうがよっぽど面倒くさい。

常識的には付き合う前にセックスするというのは邪道だが、常識なんて知らない誰かが作ったもので、誰かにとって都合のいい常識なわけだ。そんなものに自分の物差しを合わせる必要はない。セックスなんてできるならできるだけやっておけ。付き合う前とか付き合った後とか関係ない。

気をつけるのは、焦ってセックスしようとして嫌われないことだけだ。

女性の食いつきはどう判断すればいいですか？

僕が女性の食いつきを判断するときは3つある。

1、女性側から話始めたとき
2、二軒目をどうするか聞いたとき
3、グダられたとき

1に関しては、最初はアイスブレイクのためにこちらから会話を広げて緊張をほぐしていくわけだけど、女性が話したいことを引き出しながら聞き役に徹していると、どこかのタイミングで女性から喋り始めるタイミングが来る。こっちが聞いてもいないのに喋り続け、どんどん自己開示が進んでいく。自己開示が進んでいくのは「自分を知ってほしい」という気持ちの表れだ。好意を持っていない男性に対して、女性はそのような心情にならないと思うから、僕は自己開示が進んできたら食いつきがいいと判断している。

とは言っても、本当に食いつきがいいとはまだ断言できない。そこで2軒目に誘うわけだけど、そのときの返事のスピードを見る。こちらから「もうちょっと飲まない?」と言ったとき、「うん!いいよ!」といさぎよく承諾してくれたら手応えはありだ。しかし、「うーん。まぁいいよ」みたいに少し間があるような返事だったら手応えは薄い。この返事のスピード感は、相手の乗り気具合が顕著に出る。ここの打診が気持ちよく通れば、飲みの満足度は合格点であると言っていいだろう。

最後に、グダられたときだ。店を出て歩きながら「ホテル行こう」と打診したとき、相手が歩くのを止めなかったら食いつきは○だと判断する。建て前では断りを入れて女性としての価値を保ちつつも、本音ではセックスしてもいいと思っているからついてくる。そんな感情を女性の行動から感じ取るのだ。

ここまでクリアできればあとはもう攻めるという感じだ。

以上の3点が、僕が女性の食いつきを判断する際に見ているポイントだ。

女性のどこを見てYesかNoを判断したら分からない人は、良かったら参考にしてみてくれ。

第5章

お持ち帰りは僕に たくさんの気づきをくれた

ついに最後の章まで来た。ここまで長いと感じる人もいればあっという間だと感じる人もいるだろう。僕がお持ち帰りするときに使っているテクニックは余すことなく伝えた。ここまで紹介したことを実践できたら、お持ち帰りの成功率はかなり上がっているはずだ。

正直、ここで本書を終わらせてもいいのだが、最後に僕が女遊びを通して学んだこと、感じたことを読者の方に伝えて、この茶番のような本を終わらそうと思う。

僕の人生は女遊びをすることで一変した。以前の僕にとって、セックスは年に1回あるかないかのビックイベントだった。

そんな僕だったが、一つの動画をきっかけに「モテたい」という欲求を求めるようになり、「モテる」の基準を経験人数に設定し、「即日でお持ち帰る方法」を脳みそから湯気が出るくらい必死に考え続けてきた。失敗続きで何回か心がポキっと折れる音も聞こえたが、なんとかはいつくばり一つ一つ経験人数を増やしていった。今ではセックスを「非日常」から「日常」に変えることができた。

そんなモテない村出身の僕だからこそ、いろんな女性に触れてきて感じたことがある。分かったことがある。遠回りすることでしか見られなかった景色を、これから読者のあなたと共有していきたい。

モテるにはモテようと思わないことが大切だった

女遊びを始めてから、時間を見つけては相席屋に行ったり、アプリでアポを組んだり、合コンに行ったり、ときには苦手なナンパをして女性と出会える場所に行っていた。「出会い」という言葉は先に「出る」があるように、とにかく外に出ないと何も起きないと思い街に繰り出した。

他にも自分磨きのために筋トレをしたり、ヒゲ脱毛に行ったり、ファッションを勉強したり、女性にモテるために必要だと思うことを自分なりに考えて努力していった。

確実に昔の自分よりもカッコよくなっているはずだった。なのに、全然うまくいかない。クソほどモテない。まったく経験人数が増えない。むしろ通帳残高がみるみるうちに減っていく。気づいたら借金がどんどん増えている。セックスしたいと思えば思うほどセックスが遠のいていくような感覚だった。

時間とお金だけが飛んでいった中で、このままじゃらちが明かないと思い、一回足を止めて女性を持ち帰ることについて冷静に考えてみたときがあった。そして、「女性を楽しませようとしていない」ことに気づいた。

僕は気持ちを新たにして、自分のセックスしたいという欲望を頭の片隅に一旦置いて、女性を楽しませることに全振りした。初めましてからお店を出るまで、何をしたら女性が喜ぶかだけを考えてアポをこなした。

そこから、これまでが嘘かのように女性の食いつきが良くなり、どんどんお持ち帰りできるようになっていった。急激な速さで経験人数が増えていった。

そこで僕は気づいた。**セックスっていうのは女性を喜ばしたことの対価なんだ。モテるにはモテようと思わないことが大事なんだということに。**

「モテるにはモテようと思わない」というのは一見矛盾したように感じるかもしれないが、奥底ではつながっている。

モテたいと思ったときに、男がどれだけモテたいと強く思ってもモテるわけではない。**女性が自分と一緒にいることを楽しんでくれて、初めてモテるという結果がついてくる。**モテるのではなくて、モテさせてもらっているんだ。女性のケツを追いかけるのではなく、女性の満足度を追うんだ。自分の欲望ばかりを優先して女性のことを考えられていない男は女性に選ばれないから、最終的にモテないという結果がやってくる。

それでも自分のことしか考えられない男は「これだけ奢ってあげたのにヤラせないなんて薄情な女だ」「あれくらいの女なんていくらでもいる」みたいな言い訳を作り、うまくいかないことをすべて相手側のせいにする。自分の魅力が足りないから選ばれなかっただけなのに、それに気づかない。そういう男は「来世頑張りましょう」って話になってくる。

自分がもっと多くの女性とセックスしたいと思うのであれば、その分だけ女性を楽しませればいいんだ。モテようとしなければいいんだ。そうすれば、向こう側から「モテ」がやってくる。

モテるにはモテようと思わないこと・・・実に奥が深い。あなたは、モテようとしてしまってはいないだろうか・・・。

持ち帰りはスキルと運のかけ算だ

現場に何度も出向いてお持ち帰りチャレンジをしていると、怖いくらい思い通りにいくときもあれば、まったくうまくいかないときもある。自分が成長するにつれてうまくいくことが増えたけれど、やはりうまくいかないときは何をやってもうまくいかない。

でもよく考えてみると、100％の確率で出会った女性を持ち帰るなんてことは不可能だ。出会った女性が「よく分からない男には指一本も触れさせたくない」というような人であれば、どうやっても持ち帰ることはできない。そうなると、出会う女性をコントロールするしかなくなるが、それは無理だ。神様でもないんだから、毎回持ち帰れる女性を目の前にセットすることなんて不可能なわけだ。だからこそ、お持ち帰りは運の要素がめちゃくちゃ大きい。

しかし、それを理由にしていたら持ち帰れない原因のベクトルを自分に向けなくなるから成長がない。**「スキルの向上」というコントロールできる部分にフォーカスしながら、「運」の要素も許容する思考が大事だ**ということに、女遊びをしている途中で気づいた。

つまり、即日お持ち帰りというゲームは「スキル」と「運」のかけ算でできあがっている。この二つの値を共に高められたら、持ち帰れる確率も上がっていくわけだ。ここでの「スキル」と「運」を高めるために必要な要素をあげると、スキルは「即興力」で、運は「市場価値」だ。

僕にとって即興力とは、「正解を出し続けられる力」のことを指す。

お持ち帰りするには、女性を楽しませることを念頭に置いて、地雷を避けながら正解を出し続けることが求められる。初めましてのところから、相手の反応を見ながら次の言葉を選んで、会話の流れも整えて、どこで距離を詰めていくかなどを喋りながら脳みそフル回転でアポを進めていく。

これといったマニュアルもないから、自分の経験と感性を頼りに前に進んでいくしかない。即興、即興でその空間を作り上げていく。まさに選択の連続。目の前に○×カードが並べられていて、アポの間ずっとめくり続けているような感覚だ。

そして、何を聞こうが喋ろうが自分と市場価値が同等かそれ以下の女性しか持ち帰ることはできないわけだから、自分の市場価値を高めることが運を上げることにつながる。

「即興力」と「市場価値」の二つを磨き続けることで、かけ算の値を最大化できる。

ノンバーバルを磨くことがモテの真髄

「目は口ほどに物を言う」ということわざがある。

目つきは口で伝える以上に多くの物事が伝わるというような意味だが、持ち帰りにおいてもまったく同じことが言える。口説き文句のようなものをぺちゃくちゃと喋っている男は、見た目でオスとしての強さをかもし出す男には絶対に敵わない。

読者にも、これまで出会ってきた男の中で「あっ。こいつには敵わない」と思うような男がいただろう。当然、僕にもそのような男が何人もいたが、その人たちは圧倒的に見た目から強者の匂いが漂っていた。何を言おうが何をしようが敵わない。むしろ、戦う気力も起きてこない。強烈な覇気のようなものを身にまとっている感じがする。そういう男を見ると「こいつ人間何回目だよ」と個人的に思う。

しかし、決して諦めずに強者の男がかもし出す覇気をまとえるくらいの男を目指すことがモテの真髄だ。つまり、ノンバーバル（非言語）の部分を磨くことが真のモテ男になるために重要なことだ。

では、ノンバーバルの部分はどうやったら磨かれるのかというと、要素としては3つある。**「余裕」「色気」「圧」**だ。そして、この3つの要素は**「仕事」「セックス」「トレーニング」**を行うことで鍛えられる。

男は金を稼げるようになると「余裕」が出る。
男は女性と遊びまくっていると「色気」が出る。
男は体を鍛えていると男としての「圧」が出る。

この3つの要素を極限まで鍛え上げられたら、こざかしいテクニックなんて使わなくてもほとんどの女性が振り向くだろう。そうなったらこの本は破り捨てていい。それかメルカリでまだ目覚めていない非モテ男子に安く提供してくれ。

港区によく現れる絵画のように美しい女性の横にいる男は決まって「金持ち」か「スポーツマン」だ。「仕事」「セックス」「トレーニング」に精を出して、日々自分を磨きあげることがモテたいと思う男の歩むべき道だ。

ローマは1日にして成らず。モテも1日にして成らず。まずは黙って腕立てすることから始めてみよう。

女性のライフステージによってモテるポイントが変わる

経験人数が増えていってアポでも負けることが少なくなってきたとき、過去に持ち帰れた女性の年齢に偏りがあることを感じた。明らかに勝率の高い層と低い層に分かれていた。この原因を考えてみたときに、女性のライフステージによって男を見るポイントが変わっていくことを感じた。

例えば、小学校のときは足の速い男がモテたり、テストの点数が高い人がモテたりする。中学校になるとちょっとヤンチャな人がモテたりする。高校生になるとイケメンで、スクールカーストの高い人がモテたりする。大学生になると、学歴やユーモアでモテたりする。社会人になると、社会的ステータスや年収でモテたりする。そこを越えると、経験値でモテたりする。

つまり、女性のライフステージによって男に求める価値が変わり、モテるポイントが変化していく。**とくに、経済力の価値は歳を重ねれば重ねるほど高まっていく。**

女性には男性と違って出産適齢期というものがある。年齢が高くなればなるほど出産のリスクが大きくなるわけだから、できるなら早めに結婚して子どもを産みたいと思っている人が大多数であり、本能だ。そして、出産したら育児があるからこれまでのようには働けない。稼げなくなる。そうなるとお金が必要になる。さらに、女性のほうが男性よりも統計的に長生きすると言われているから、そこでもお金が必要になる。

女性は本能的にお金が必要だと分かっているからこそ、年を重ねれば重ねるほど男の経済力の価値は高まっていくんだ。

あなたが今モテたいのであれば、自分のスペックを客観的に分析してみると親和性の高い女性が分かってくるだろう。逆に、こういう人にモテたいという理想があれば、その理想の人が求めるスペックを考えて、それを磨いていけばいい。

女性のライフステージによって使えるアイテムは変わってくる。

遊べるうちに遊んでおいたほうがいい

僕は「女遊び」というものを、将来幸せになれるパートナーを見極めるために必要な遊びだと思っている。なぜなら、さまざまなタイプの女性に触れることで、本当に自分と相性が合う人というのが明確になっていくからだ。

経験人数が少ないと、女性を選ぶ際の物差しとなる材料が少ない。その分、失敗するリスクも大きくなっていく。

例えば、食べ物で寿司が好きだとしたとき、もし地球上に存在する食べ物の中で寿司しか食べていなかったとしたら、それは本当に好きだと言えるのだろうか。たしかに寿司は美味しい。大好きだ。でも、世の中には焼肉やパスタ、カレーなど美味しい食べ物がたくさんある。そのあらゆる美味しい食べ物を味わった上で、やっぱり寿司が一番美味しいと言えたら、本当に寿司が好きだということになるのではないだろうか。そのほうが説得力もある。女性関係も同じだ。さまざまな女性を経験した上で「この子といるのが一番落ち着く」と選択できるほうが説得力を感じるし、幸せだと僕は思う。

昔、初めて付き合った女性に振られたとき、この世の終わりかと思うくらいに落ち込んだことがある。朝から晩までその子を失ったショックで落ち込んでいた。こんなに好きになれる子は一生現れないだろうと思った。だけど、今思えば単純に経験不足だっただけだ。たくさん経験を積んだ今は、自分がどういう人を好きになって、どういう人と相性がいいかというのが感覚的に分かってきた。その分、将来のパートナー選びに失敗する確率も低くなってきたと感じている。

もし経験が少ない状態で結婚していたら、理想ばかりが大きくなって、長い人生で起こる女性との出会いの中で誘惑され、心が揺れて、浮気して、慰謝料を払わされ、すべてを台なしにしていたかもしれない。そう思うとゾッとする。

もちろん彼女がいるときには彼女を大切にするべきだと僕は思うが、遊べる状況なら遊べるうちに遊んでおいたほうがいい。データを蓄積して未来に備えよう。

プロセスを楽しもう

お持ち帰り活動をしていると、さまざまな女性に遭遇する。出会う女性の年齢、性格、顔、肩書きなど、要素ごとに分類してもたくさんある。出会った女性一人一人に違ったエピソードとストーリーがある。その中で自分と相性が合ったり合わなかったり、成功したり、失敗したり、喜んだり悔しんだりする。良いことも悪いことも含め、出た結果に対して一喜一憂するわけだ。

多くの人は結果にフォーカスする。もちろん結果を出すことは大前提で、結果が出てないのにあーだこーだ言うのはダサいし、結果が出ないといずれつまらなくなる。僕も目標の経験人数を追いかけてきた。セックスを追い求めてきた。

しかし、女遊びが一段落してから過去を振り返ってみると、**僕の人生で面白い経験として残っているのは、セックスではなくプロセスだった。経験人数はただの数字でしかなかった。**女性をお持ち帰りするまでのプロセスこそが、僕が人生で得た大切な思い出だった。うまくいかなくて悔しくて情けなくなった夜も、どうやったら持ち帰れるかを研究し続けた日々も、必死だったから気づかなかったけれど、ノウハウがそろって女の子を持ち帰れるようになった今では、とても尊い時間に変わった。

僕は、夢中になって女の子を持ち帰るためのノウハウをかき集めていることがすごく楽しかった。「今日は持ち帰れるかな・・・」とドキドキしながらアポに向かう時間にすごくワクワクしていた。

僕は、人生は結局のところ〝人〟で作られていると思うんだ。これまでの楽しい思い出を振り返ってみると、そこには必ず人がいる。**思い出は人で作られ、思い出は人生を作る。**一生に一度しかない人生の中で、出会える人の数は限られている。そんな中で、新しく出会った女性の人生に触れるのはとても面白いことだし、そこを楽しめないとお持ち帰り自体うまくいかないし、楽しくもなってこないだろう。

もっともっとプロセスを楽しんでいこう。

質問は感謝から生まれ、感謝は愛から生まれる

お持ち帰りするには女性と親密な関係性を築かなければいけない。そのために相手の見た目やファッション、仕草などから情報を読み取り、何かしらの問いを相手に投げかける。つまり「質問」するわけだ。

僕は質問することにまったく苦労を感じない。しかし、女性との会話がうまくできない人は、質問することが苦手な人が多い。その差は何なのだろうと考えてみたとき、**愛があるかないかの違いではないかと感じた。**

僕は見た目のレベルに関係なく、どんな女性にでも割と興味が湧く。何十万人といる女性の中で、なぜこの人が目の前に現れたのか、なぜこの容姿なのか、なぜこのタイミングなのか、なぜこの場所なのか。この世の不思議な縁を感じると、自然と相手に興味が湧いてくる。

そして、目の前の女性が現れてくれたおかげで美味しい食事ができて、美味しいお酒を飲めている。そう思うと、感謝の気持ちが生まれてくる。感謝の気持ちが生まれると、もっと楽しませたいな、喜ばせたいなと思うし、そのために相手が何が好きで何が嫌いでどんな価値観を持っているのかを知りたくなってくる。その自然な気持ちが質問に変わっていく。

質問をして相手を知れば知るほど、今日出会えたことへの感謝の気持ちが大きくなって、愛情のようなものに変化していく。その愛情とは出会ってくれた女性に対してもそうだし、食事やお酒、お店で働いている方々、素敵なお店を作ってくれたオーナーさん、そして自分の一度きりの人生などへの複数に対する愛だ。その愛情が深ければ深いほど関係性が濃くなり、距離感が縮まり、一体感が生まれてお持ち帰りにつながっていく。

出会いに感謝し、愛を持って女性と接する。質問は感謝から生まれ、感謝は愛から生まれる。その愛で目の前の女性を包み込む。

出会った女性をその日に持ち帰ってセックスする本で愛を語る。

それも別にいいじゃないか。だって人間だもの。

むらを。

即日お持ち帰りは人生のスパイスだ

モテなかったころの僕は、セックスができれば幸せになれると思っていた。自分の人生に物足りなさを感じるのはセックスができないからだと思っていた。僕は幸せになるために持ち帰れる方法を勉強し、現場に行き、断られ、改善しながら自分を磨いていった。

その結果、出会ったその日にセックスするというまるでAVのタイトルのような特殊な技術を身につけ、セックスが「非日常」から「日常」になった。数時間前に出会った女性が目の前で裸になり喘いでいるわけだ。なんて非常識な世界だ。なんて刺激的な世界だ。これが俺の夢見てた世界や！！！と興奮して、即日お持ち帰りという遊びにのめり込んでいった。それに比例して、幸せになっていくと思っていた。

しかし、そうはならなかった。**経験人数が増えていっても幸せを感じなかった。**アポに向かうドキドキ感も、経験人数が増えていくにつれて薄れていった。むしろ、どんどん女性を信じられなくなる自分に虚しさを感じていた。

目標の経験人数を達成したときには、完全に女性との出会いがゲームのような感覚になっていた。相手は違えど、毎度毎度同じルーティーンに女性を当てはめていくだけ。全部同じパターン。こんな単純なルーティーンに多くの女性は引っかかるのかとげんなりする。それに比例して女性を信じられなくなっていく。

昔の自分のほうが女性にとって利用価値は高かったはずだ。決して裏切らず、まじめに一人の女性に尽くすことしか知らなかった。

けど今は違う。浮気しない自信なんてまったくない。浮気なんてして当たり前だと思っている。女性にとっては不都合な人間になってしまったと思うが、そう思えば思うほど持ち帰れるようになった。その結果、まじめとは何なのか？女性とは何なのか？恋愛とは何なのか？結婚とは何なのか？という漠然とした言葉の定義が頭の中をぐるぐると巡ることになった。

その中で一つハッキリしたことが、**よく知らない人とセックスしても幸せにはならない**ということだった。セックス自体は幸せを与えてはくれない。僕は即日お持ち帰りの限界を感じた。女性とより中長期的な関係性を築くことが僕の次なる課題になった。


しかし、僕は即日お持ち帰りという遊びをしてよかったと思っている。さまざまな知識がついたし、経験ができたし、男として成長できたし、多様な女性と触れ合うことで好みもハッキリしてきた。自分が人生に何を求めているのかも分かってきた。短期的なセックスを繰り返した先にしか気づけないことがあると知った。というかシンプルに楽しさと刺激はある。

即日お持ち帰りはスパイスみたいなものだ。人生にほどよい刺激を与えてくれる。カレーでいうところのターメリック。そう、即日お持ち帰りはターメリックだ（?）。

これまでの出会いに感謝し、僕についてきてくれた女性に感謝し、この場を借りてこれまでの下心をすべて成仏させていただきたい。

アーメン。

テクニックよりも「人間」を理解したほうが早い

女遊びを始めた当初に掲げた目標の経験人数をクリアし、一つのゴールテープを切ったときに気づいたことがある。

モテるには人間を理解したほうが早い。

セックスというのは動物の繁殖行為だ。男には「複数の女性と性行為を行い、より多くの子孫を残す」という役割が存在し、女性には「より優秀な遺伝子を受け取り、子どもを産む」という役割が存在する。

その本能に基づくと、モテるには他の男よりも優秀な遺伝子を持っていると女性に思ってもらえればいいわけだ。僕はモテるために小手先のテクニックばかりを気にしていたが、考えなければいけないのはどうやったら優秀なオスになれるかだった。

オスというものを理解するためには人間を理解しないといけない。人間を理解するためには動物を理解しないといけない。動物を理解するためには自然を理解しないといけない。自然を理解するためには地球を理解しないといけない。その地球を理解するためにはすべての創造主である神様を考えて、この地球を含めたすべての創造物はどう作られているのかを見ていく必要があった。

そうすると、オスとしてのあるべき姿が分かってきて、目指すべき方向性が見えてくる。女性が本能的に求めているニーズが見えてくる。

同時に、世の中の矛盾した仕組みが気になり始める。結婚制度なんて最たるものだ。動物の本能に蓋をしているとしか考えられない。人間を支配したい人たちにとって都合のいい仕組みにしか見えなくなる。

例えば、芸能人が不倫をしたらいろいろな人から猛バッシングを受けるが、バッシングをしている人はバカなんじゃないかと思う。そもそも人間は浮気するように作られているんだ。人間の役割に沿った相手に出会ったらセックスをするんだ。浮気をして当然なんだ。

浮気しない人は浮気をしないいんじゃなくてできないんだ。金も時間も魅力もないから女性に相手にされていないだけだ。そんな人を「まじめ」と呼ぶ世の中っておかしくない？

さらに、結婚したとしても3割が離婚するんだ。30％の確率ってかなりの数字だ。なのに結婚すれば幸せだと思っている人が多すぎやしないか？結婚することに幸せを見出そうとしている人が多すぎやしないか？結婚することが幸せなのではなくて、好きな人と一緒にいれるのが本質的な幸せなんじゃないか？そこを理解しないで結婚するために好きな人を作ったり、年齢的にそろそろ結婚したほうがいいから相手を探しているなんて人は、例え結婚できたとしても幸せには見えないし、いずれ浮気でも離婚でもすると思う。

結婚制度は国が国民から税金を取りやすくするために作られたものでもあるんだ。自分が結婚するのに結婚制度がどういうものかを考えていない人が多いこともおかしくない？

とまぁ結婚に対する愚痴は置いといて、それも含めてモテを理解し、女性と向き合わなければいけないと感じた。

テクニックを学ぶことは女遊びを始めるきっかけ作りにはとてもいいと思うが、いずれ人間という壁にたどり着く。よりモテたいなら、人間を理解することから始めたほうがいい。そっちのほうがよっぽど早くモテる。

まずはどこかの自然でキャンプでもしながら、夜空を見上げて地球を感じてみよう。

すべての男女は共鳴している

「身の丈にあった」という言葉がある。僕はこの言葉が嫌いだ。自分の可能性を信じることを諦めて、努力しないことを正当化しているような意味合いを感じるからだ。

僕にはもっと綺麗な女性とセックスしたいという理想がある。今の身の丈なんて考えず、理想の自分に丈を合わせていきたいと思っている。即日お持ち帰りという遊びを経て、数を追うのではなく質を追いかけたいと思うようになった。

しかし、酷なことに自分の理想と思えるような女性と出会うことはほとんどない。もし何かのいたずらでめちゃくちゃ綺麗な女性に出会えたとしても、今の自分じゃ相手にしてもらえない。なぜなら、すべての男女は共鳴しているからだ。

すべての人間には周波数というものがある。ラジオのチャンネルを合わせるように、その周波数に共鳴した男女がつながるように世の中は作られている。

いくら出会った女性のことを気に入っても、自分の周波数が相手と違ったらチャンネルが合わない。小手先のテクニックでいくら取りつくろっても、周波数が合わなかったらいずれ離れていってしまう。

よく美女が金持ちと結婚すると「結局お金か」という人がいるけれど、そんなの当たり前のことだ。美女は美女であるための努力をしているわけだ。スタイルを維持するための運動をして、食を気にして、化粧品にも気を遣っている。美女でいるためにお金も時間も労力も使っているわけだから、その努力に見合った男を選ぶのは当たり前のことだ。そして、**金を稼いでいるから一緒になったのではなく、金を稼ぐためにしている日々の選択と共鳴しているんだ。大金を受け取れるくらい大きな器のある男だから美女と共鳴しているんだ。**稼いでもなく、自制もしていない男を選ぶ理由なんて何一つない。

日本の男で年収1000万円を超える人は世の中の5％くらいだと言われている。世の中で美女と言われる人も人口の5％くらいだろう。きっとそこの層で共鳴して恋愛が行われているんだ。

行く店も共鳴だ。チェーン店にはチェーン店に見合った男女が共鳴して集まるし、高級店には高級店に見合った男女が共鳴して集まる。相席屋には相席屋に見合った男女が共鳴して集まるし、キャバクラにはキャバクラに見合った男女が集まる。決して良いとか悪いとかではなくて、自分がどっちの世界に行きたいかだ。どっちの世界と共鳴したいかだ。

それが決まったら自分の周波数を行きたい世界に合わせるしかない。日々の生活でチューニングしていくしかない。すべての男女は共鳴していることを知り、今出会っている女性を見てみよう。それが現時点での自分のレベルだ。

セックスはエネルギー交換だ

経験人数が増えていくにつれて、「この人とはセックスしたくないなぁ」と思うことが増えてきた。もしこの女性とセックスをしたら、せっかく積み上げてきた自分の周波数が下がってしまうなと感じてしまう。

経験を積んでレベルを上げれば上げるほど、自分にとってセックスは単なる性欲の解消ではなく、エネルギー交換みたいだなと感じるようになった。

先ほど述べたように、僕は人間には周波数があり、目に見えないエネルギーみたいなものが流れていると思っている。そのエネルギーは日々の生活から作られていて、どんなものを食べているか、どんなものを飲んでいるか、どんな言葉を発しているかが影響していると思っている。

僕は年を取ってもかっこいい大人でいたい、老いていくのではなくヴィンテージになっていくような生き方をしていきたいと思っているから、日々の生活習慣には気を遣っている。とくに口に入れるものには気を遣っている。基本的に自炊をしているし、食品添加物や砂糖はなるべく摂らない。コンビニ弁当やカップラーメンなんてほとんど食べない。1

日2食で、お腹いっぱいになるまでは食べない。眠くなって仕事の質が落ちるし、消化のために臓器に負担がかかって機能の低下が早まってしまうと思っているからだ。

だからこそ、出会った女性がもし適当な食生活をしていたら、そのエネルギーを受け取ってしまう気がして嫌になってくる。とくに生命の誕生のきっかけとなる性器にはより多くのエネルギーが流れているはずだから、エネルギーの吸収値が多くなると思ったらセックスする気もなくなる。逆により高いエネルギーを持つ女性とセックスできたら、自分のエネルギー値は上昇していく。

数を追い求めていたところから質を求めるようになったのは、セックスはエネルギー交換だと感じるようになってからだ。

セックスは単なる性欲の解消ではない。エネルギー交換だ。よりエネルギーが高まる生活をしていこうじゃありませんか。

モテたいという欲求に素直になれ

「もっとモテたい」

本書を手に取ってくれた読者は、きっとこの欲求に素直になっていることだろう。素直にならないと、このレジに持っていくのが恥ずかしいタイトルの本を読もうとは思わないはずだ。そして、「モテたい」と素直になることはとても素晴らしいことだ。

そもそも「モテたい」という願望は、全人類にプログラミングされている本能からくるものだから逆らうことはできない。しかし、これまでの経験や教育によって蓋をされてしまっている人が多いと感じる。すごくもったいない。

人間は「もっとよくなりたい」という願望をエネルギーに文明を進化させてきた。例えば、日本はアメリカに敗戦後、より良い生活環境を手に入れるために辺りが焼け野原のところから進んできた。がむしゃらに働き、松下電器やトヨタなどの世界に名前を轟かせる企業が出てきて、一気に高度経済成長に突入した。その結果、世界に「もはや戦後ではない」と言わせるくらいの発展を遂げて、今につながる快適な日本の暮らしを手に入れた。

持ち帰りにおいても､自分を進化させる上で欲求に素直になることがとても大事なんだ。「モテたい」と素直に思えることで､自然とやるべきことが湧いてくる。ファッション､髪型、体型、トーク、仕事などの改善点があくのように出てくるはずだ。

改善点に目を向けたとき、自分の能力の低さに落胆するかもしれない。しかし、改善点こそが自分をより高みに連れていってくれる。より魅力的な男になったとき、絶対に振り向いてくれる女性が現れる。昔の自分では振り向いてもらえなかったレベルの女性を抱いている瞬間が訪れる。

きっとそのとき、人生の面白さを肌で感じることだろう。

僕も27歳のときに「モテたい」と思ったのがきっかけで今にいたるわけだが、周りの目も気にせず、自分の心に従って本当に良かったと思っている。何より人生が面白くなった。この一言に尽きる。昔、勇気を振り絞って一歩踏み出した自分を強く抱きしめて叙々苑を奢ってあげたい。

すべてのストーリーは「モテたい」という欲求に素直になることから始まる。自分の欲求に素直になろう。

モテる男はどんどんモテていく

世の中にはモテると言われている男がたくさんいる。しかし、もっと広い視野で俯瞰して見てみると、モテる男なんてごくわずかしかいない。

とくに社会人になると、モテる男とモテない男の差が如実に出てくる。

社会に出るとほとんどの人が会社に属し、会社のルールに従い、会社に指示された人間と仕事をしながら与えられた仕事をこなす日々を送っている。満員電車に乗ったり、そりが合わない上司と働かなきゃいけなかったり、頑張っている割に給料が上がらなかったり、何かしらのストレスを抱えながら生きている人がほとんどなわけだ。そして、抱えたストレスを発散するために飯や酒にお金を使っていく。だが、ストレスの吐け口となる食事はビールやラーメン、牛丼、ハンバーガーなど決まって高脂質高カロリーのジャンキーな食べ物ばかりだ。さらに、安くて美味しくて手軽に食べられるコンビニ弁当やスナック菓子は食品添加物や農薬、遺伝子組み換え作物にまみれている。単刀直入に言うと、毒を体に入れているわけだ。そんな食生活を数ヶ月でも半年でも一年でも続けていたらどうなるかはもう分かるだろう。ハゲ散らかした下半身デブの汚いおっさんのできあがりだ。

清潔感のない不恰好な男は女性に相手にされるはずもなく、溜まった性欲はAVを見てオナニーするか、風俗に行って女性を口説くプロセスをお金で買って処理するしかなくなる。

しかし、本当にモテたいと思い、モテるために頑張っている人はこんな生活は送らない。女性に選ばれるために食生活を整え、美容に投資し、筋トレをして外見を整えていく。仕事も精力的に取り組み、スキルと収入を上げて、自らの価値を高めていく。日々向上心を持って生きているから、人生にツヤとハリが出て、それがオスとしての魅力に変わり自信として現れてくる。そんな状態で女性とのアポに行くわけだから、モテないわけがない。そりゃあ綺麗な女性とセックスできるわけだ。綺麗な女性とセックスをしたら、仕事のモチベーションも質もさらに上がっていく。家でカップラーメンを食べたあとにオナっているだけの男とは格が違っていくのは誰しもが分かるだろう。

もし神様にどっちの人生を送りたいかと言われたら、誰しもが後者を選択するはずだ。だったら今すぐ生活にテコ入れをして、モテる男がやっていることを取り入れたほうがいい。

でも、ほとんどの男は行動しない。**なぜなら面倒くさいからだ。我慢したくないからだ。**

仕事は頑張るのがだるいから現状維持でいい。今食べたいものを好きなだけ食べたい。料理するのは面倒くさいからコンビニ弁当かカップラーメンでいい。家でゴロゴロしながらクーラーの効いた部屋でユーチューブでも見ていたい。服なんてどうでもいい。性欲はAVを見て処理すればいい。筋トレしようと思ったけど今日はやる気が出ないから明日やろう。

なんでもいい。どうでもいい。明日でいいの積み重ね。その積み重ねで人は堕落していき、オスとしての魅力はどんどん低下していく。

女性は出会った瞬間から目の前の男が優秀か優秀じゃないかを嗅ぎ分けている。目の前の男が自分にどれくらいの気持ちがあるかなんて気にしていない。**どれくらい価値のある男なのかを重要視している。**「この男は強いオスになるために何をしているのか？」「この男はいざとなったら私を守ってくれるのか？」「この男についていって大丈夫なのか？」。いくらアポで外見やトークをその場で見繕っても、本当にレベルの高い女性には見透かされてしまう。「こいつ薄っぺらい人間なんだな」とバレてしまう。

モテというのは1日で作れるものではない。日々の習慣の積み重ねで作られていく。**持ち帰れるかどうかは出会った瞬間ではなく、日々の行動ですでに決まっている。**

モテるために日々努力している男なんてほとんどいない。継続する男なんてもっといない。だから、モテるために自分を磨き続ける男の市場価値は当然上がっていく。市場価値が上がればさらにモテていく。モテが加速して止まらなくなる。一度モテの上昇スパイラルに乗ってしまえば、モテない人生なんて考えたくもなくなる。もっと上を目指したくなる。その心の渇きがさらに努力を与えてくれる。そうやって、モテる男の人生と股間は充実していくわけだ。

テクニックに走るのではなく、男を磨くことに力を注ごう。筋トレ、脱毛、食生活、トーク力の向上、社会的地位の向上、収入アップなどやるべきことはたくさんある。周りの男と比べることなく、昨日の自分と比べる。昨日よりも今日。今日よりも明日。人生で起きることはすべて自分が選択してきた延長線上にある。その延長線上にモテというものがある。to do リストを書き上げていったらスケジュール帳は真っ黒に埋まっているはずだ。

日々の習慣が生き方になる。生き方はオーラに変わる。オーラはオスとしての魅力に変わる。魅力に女性は惹きつけられる。

あふれる向上心と性欲を、行動するガソリンに変えていけ。

うまくいかない時期をどれだけ耐えられるか

女遊びを始めると、いろいろな経験をすることになる。女遊びを始めなければ出会えなかった感情がたくさんある。それが楽しいこと、気持ちいいことばかりであればいいのだが、決してそうではない。むしろ辛いことのほうが多い。

打診したら女の子に拒否されたり、既読されたLINEが返って来なかったり、相席屋で盛り上がってると思ったらチェンジされたり。失敗が次から次へと津波のように自分に襲いかかってくる。非モテ男子としての烙印を押されたような感じがして、どんどん自信がなくなってくる。さらに、財布の中身はすっからかんだ。女遊びなんてしなければよかったとさえ思うだろう。

しかし、これは「モテたい」と決意した男の誰しもが通る道だ。モテるために必要な修行なんだ。うまくいかない時期が、モテる男になるか非モテのまま人生を過ごすかの分岐点なんだ。一瞬一瞬はとても辛いかもしれないが、その経験がたくさんの点となって散らばり、振り返ってみると一本の線でつながっている瞬間が絶対にくる。

ダイヤモンドはダイヤモンドで磨かれるように、人は人で磨かれる。たくさんの女性と出会い、拒絶されることで、男として磨きがかかっていき、ダイヤモンドのように光輝く男になれるんだ。

別にモテなくてもいい。女性とセックスなんてできなくてもいい。そういう人生の面白さだってあるだろう。だけど、「モテたい」と決意したんだ。「セックスできる人生がいい」と思ってしまったんだ。その道はいばらの道かもしれないが、決断した男にしか見えてこない世界がある。経験できない世界がある。越えられない壁は自分の前にはやってこない。

諦めることが唯一の失敗だ。オセロのように端っこさえ取っていれば、いつか全部をひっくり返せるタイミングがくる。開かなかった股が面白いように開いていく瞬間がくる。うまくいかない時期をどれだけ耐えられるかだ。その時期こそが、男が磨かれているときなんだ。

お持ち帰りはアートだ

これまでのお持ち帰りに同じケースなんて一度もなかった。すべてのお持ち帰りが奇跡の連続で、筋書きのないドラマのようだった。

駅で待ち合わせたときの緊張感。何を話そうかと思考を巡らせる労力。二人の間に一体感が生み出された瞬間に感じる高揚感。「ホテルに行こう」と打診するときに湧き出すアドレナリン。お持ち帰り後に感じる一人の男としての達成感。

まるで一つのアートを作り上げるように、出会ってからお持ち帰りまでの流れを描いていく。会話作り、言葉選び、仕草などの動作一つ一つに意図があり、意味のない行動なんて何一つない。瞬時に浮かんできた言葉を必死につなぎ合わせて会話を作っていく。断られる恐怖を振り切りながら体と思考を前に進めていく。そして、思い通りに事が進んでいったとき、僕は性的な興奮よりも、一つのアートを完成させた充足感を覚えていることに気づいた。

持ち帰るまでの過程はまるでアートだった。

セックスで性欲を満たして興奮するタイプもいれば、僕みたいに女性を攻略していくプロセスに楽しさを覚える人もいるだろう。お持ち帰りの楽しみ方は人それぞれだ。

お持ち帰りはあくまで一人の女性との対話だから、こうすればいいという決まった方法はない。目の前の女性に合わせた行動を取っていく。ずっとずっと選択の連続だ。振り返ったとき、あのときのあの言葉、あのときのあの行動が決め手だったと感じる瞬間が多々ある。だけど、それはそのときの女性だったから通用したことだ。違う女性に同じ手段を使ってもうまくいかない。

つまり正解がない。だから難しい。だけど、それがめちゃくちゃ楽しい。

女性と出会う瞬間、この子とこれからどんな物語が起こるんだろうと想像するとワクワクしてくる。自分からどんな言葉が出てきて、どんな選択を取って、どんな結果が待っているのだろうか。何が起こるか分からない未来を手探りで覗きにいく感覚は、何にも代えられない楽しさがある。これまでのすべての経験と感情が、僕の人生の素晴らしい思い出となっている。

僕はこれからも女性に出会い続けるだろう。最高のアートに出会えることを期待して。

お持ち帰りはノウハウじゃない。姿勢だ

ここまで長々とこの本に付き合ってくれてありがとう。本当に、もう話すことも残されていない。というか、何回も同じことを言っている。伝えたいことが多いんだ。許してくれ。ただ最後に、この言葉を読者に贈りたい。

お持ち帰りはノウハウじゃない。姿勢だ。

お持ち帰りには決まったパターンなんてない。これを言ったら成功、これを言ったら失敗みたいなマニュアルがあるわけじゃない。どんな女性でもついてくる魔法のフレーズもない。人間対人間。まさにsoul to soul。

お持ち帰りはメンタル勝負だ。弱気になる自分を振り払って勇気を振り絞るしかないんだ。勇気を振り絞らない限り、女性の服を脱がしてブラホックを外す権利は与えられない。ただ、勇気と言っても意味が漠然としている。ここでは勇気という言葉を「**主体的であろうとする姿勢**」と定義する。常に目の前の出来事に言い訳をせず、主体的に突っ込んでい

く姿勢が勇気という言葉を指す。

しかし、多くの人が勇気を出せない。勇気を出せなんて耳にタコができるくらい聞いたことがあるはずだ。「それができたら苦労しねぇんだよ！」と叫びたくもなるだろう。なぜなら、勇気を出すと傷つくことが起こるからだ。

断れるのって辛いよな。惨めだよな。自信を失くすよな。戦意喪失するよな。

でも、勇気を出さないと何も起きないんだ。持ち帰れない人に必要なのはさらなる知識でも教養でもない。**たった一つの勇気だ。失敗する勇気だ。嫌われる勇気だ。**精神論にはなってしまうけれど、最終的にたどり着くのはそこだ。僕も慣れてきたけれど、やっぱり最後は嫌われるリスクを背負って「ホテル行かない？」「家に来ない？」と勇気を振り絞って打診する。

成功者の心は傷だらけなんだ。断られて断られて、傷ついて傷ついて、それでも諦められなくてまた立ち上がる。経験人数が何百人を超えている人も、その数倍の失敗があるだろう。数えきれないほどの屍の上に立っているんだ。

ここまで読んでくれた読者もこれからきっとたくさん失敗するし、深い傷を負うこともあるだろう。そんなとき、また立ち向かう勇気が湧いてくるエナジードリンクのような存在にこの本がなれたら嬉しい。そして、姿勢を立て直してまた挑戦してほしい。

ここまで読めば大丈夫。絶対に持ち帰れる未来があなたを待っている。

男であれば勇気を持って事を起こし、失うことで学び取れ。

ノウハウを磨くな。姿勢を磨け。生き方を磨け。人間を磨け。その先に、スケベが待ってる。

終わりに

「ようこそ、インモラルな世界へ」

この言葉で始まった本書、いかがだっただろうか。共感できる部分もあれば、共感できない部分もあったかと思う。感じ方もやり方も人それぞれだ。けれど、今僕が持っている知識をすべて書き記したつもりだ。それがたった一人にでも刺さってくれたら嬉しい。時間をかけてこの本を書いた意味がある。

僕は、この本を執筆しながら自分の過去と向き合っていた。この本に書いてあるすべてが僕に起こった出来事で、すべての言葉が経験の中から生まれたノンフィクションの言葉たちだ。これからさらに経験を積んでいくにつれて、僕がまだ出会っていないロジックに出会い、言語化されていくことだろう。今でも現場をこなすたびに反省点と改善点が輪郭を持って浮かび上がってくる。きっとこの先、満足できることはないんだと思う。

だけど、なんでこんなにも女性を持ち帰りたいという欲求が湧いてくるのか不思議だった。射精するだけならオナニーで十分だし、女性に抜いてもらいたいなら風俗に行けばいい。女遊びなんてせずに、彼女を作ってセックスしたほうがお金の無駄にもならないし、幸福感も得られるだろう。キスもセックスもできない可能性のある「お持ち帰り」というい遊びに、なぜこんなにも夢中になっているのか。毎月の支払いもろくに回らなくなるくらいお金も時間も夜の世界に溶けていった。

それでも、僕は何かに取り憑かれたように経験人数を追いかけていた。気づいたらこんなにたくさんの言葉が湧いてきて文章ができあがったわけだが、一体この欲求はどこから湧いてくるのか。ずっと不思議だった。

でも、ここまで書き上げてきて自分なりの答えが出た。それは過去の清算だ。

あらすじでも述べたように、僕は学生時代とことんモテなかった。童貞を卒業したのは大学4年生の1月。かなり遅い。まともに女性と話せるようになったのは大学3年生くらいからだ。それまでは女性とろくに話せなかった。なんなら3分くらい経つと、会話が途切れる恐怖で毛穴から汗が吹き出して酸欠になりそうなくらい緊張していた。ウルトラマンが宇宙に帰っていくように女性の元を去っていた。今世は女性と縁のない人生を送るものなんだと思って絶望を感じていたころもある。

そんな状態だったからこそ、「青春」という人生のひと枠にぽっかりと穴が空いてしまっていたんだ。他人が青春している姿を教室の隅っこから眺めていた。めちゃくちゃ楽しそうだった。めちゃくちゃ羨ましかった。だからこそ、多少遅れてでも青春を取り戻して人生の穴埋めをしたかった。

そして、何を血迷ったのか「女遊びをすることが青春だ」と思い立ち、群雄割拠のお持ち帰り市場に参入していった。そこには自分よりイケメンな男は腐るほどいるし、自分より話が面白い人、オシャレな人も腐るほどいる。自分に足りない部分の多さを突きつけられながらお持ち帰り市場で戦っていった。なんとか自分という存在を知ってもらうために、自分にできることを探して、目の前に座っている女性を持ち帰るために試行錯誤していった。ときには女性を傷つけるだけの行動をしてしまったこともある。今でも反省している。

しかし、振り返ってみたら過去の経験のすべてが自分を成長させる教材となり、点と点が線になって女性の股を広げられる確率が上がっていった。

別に複数の女性とセックスしなくても、生涯を共にできるたった一人の女性を探せばいいじゃないかと思う人もいるだろう。だけど、自分には複数の女性に求められるという体験が必要だった。人見知りで青春を棒に振った過去を、経験人数を増やすことで満たすという体験が必要だった。僕は取り戻せない過去の帳尻を合わせるために女遊びをしていた。

これが僕の選択だ。

この本も終わりに近づいてきた。最後に読者に何を伝えようと考えながら筆を進めている。なんでこの本を書こうと思ったのか。なんで言葉にして伝えようと思ったのか。その答えが少し見えてきた。

それは、**「お持ち帰りをすることで人生が面白くなる」と実感したからだ。それを誰かに伝えたいと思ったから本書を書き始めたんだ。**

女遊びというのは数ある娯楽の中の一つにすぎない。けれど、最高に楽しい娯楽だ。経験したからこそ心から言える。ときには「女遊びをしているなんて卑劣だ」「女性を雑に扱っている」という批判を受けることもある。

でも、そんな批判は放っておけばいい。常識に囚われて挑戦と失敗をとれない「正しい」だけの大人に傾ける耳はない。ぜひ正義という旗を振りかざして世の中の治安を守っていてくれ。その間に俺たちは女性を楽しませて、女性にセックスを提供して、人生を謳歌する。

最後に、人生というのは未知なる世界に触れることで面白くなると僕は思っている。世界は広くて、深くて、エンタメに溢れているんだ。即日でお持ち帰りをしてセックスすることは一種のエンターテイメントだ。カオスなひと時が、人生に刺激をもたらしてくれる。

ありふれた日常。見慣れた景色。変わらぬ人間関係。そんな世界にはもうおさらばだ。より混沌として、人間味に満ちた、生の実感を与えてくれる時間。自分の理性を越えた先でこそ、本当の欲望に出会える。

俺たちは何をしに生まれてきた。何をしたら楽しいと感じるんだ。常識から外れ、常識を作っていく。快楽。欲望。愉悦。己の欲望をむき出しに、女性に敬意を持ち、女性に快楽を与えてもらう。心のおもむくままに。股間が立ち上がるままに。ペニスこそが俺たちの人生の羅針盤だ！

知識は十分に与えた。あとは楽しむだけだ！さぁ街に繰り出そう！

あらためてようこそ、非常識で、最低で、最高な、インモラルな世界の向こう側へ！！！

各種SNSやっているので

フォロー&チャンネル登録

お願いします！

X(Twitter)

▼

Instagram

▼

Youtube

▼

最後まで読んでいただいた方に向けて
僕と飲める券 を発売しています！

以下のLINEに登録して詳細をご確認ください。
気軽に連絡くださいね〜

著者略称

村田晃一朗

1993年2月6日生まれ 福島県会津若松市出身。
株式会社Liiiif 代表取締役。
「Free Style」という出版社を運営しており、2023年5月1日「題名のない本」を初出版。自身も2017年に幻冬舎から「人見知りはどう生きるか」を出版している。本書の完成により、人見知りからヤリチンになったという謎の経歴ができあがる。村田晃一朗という男がどこまで登り詰められるか、自分でも非常に楽しみである。今後の活躍に期待。

僕はこのやり方で経験人数を増やしていった

2024年2月6日　第1刷発行

著　者　村田晃一朗
発行人　村田晃一朗
編集者　村田晃一朗
ブックデザイン　bookwall
DTP　鈴木翔之亮（Andwho Project）

発行所　株式会社 Liiiif
〒140-0011 東京都品川区東大井 4-15-2
電話：080-4432-3710
公式 HP：http://www.liiiif.jp
E-MAIL：info@liiiif.jp

印刷・製本所　シナノ株式会社

 ISBN978-4-910685-01-4